# 刑事法

白取祐司

刑事法（'16）
©2016　白取祐司

装丁・ブックデザイン：畑中　猛
s-25

# まえがき

　犯罪と刑罰に，社会はどう向き合うべきか，法的な規制はどうあるべきか。本書は，社会にとっても，市民一人ひとりにとっても無関心ではいられないこの課題を，なるべく分かりやすく，具体的かつ多角的に説明したテキストです。犯罪と刑罰，つまり刑事（刑に関する事）についての法と政策を対象としているので，本書は「刑事法」と名付けられました。

　本書では，問題を多角的に論じるために，犯罪と刑罰に関する法現象を，①実体法的アプローチ，②手続法（訴訟法）的アプローチ，③刑事政策的アプローチの3つの角度から検討します。①実体法的アプローチは，何が犯罪かを規定する法律，実体刑法から「犯罪」をながめるアプローチ，②手続法的アプローチは，起きてしまった「犯罪」を裁判所で確定させるまでの過程に焦点をあてたアプローチ，③刑事政策的アプローチは，犯罪現象に（立法的，政策的に）どう対処すべきか，また，犯罪被害者を尊重し保護するための施策をどうすべきか，といった問題意識からのアプローチです。

　本書は，以上の3つのアプローチを交差させ，たとえば犯行の「故意」の成立を論じる（①アプローチ）と同時に，その立証の問題を検討し（②アプローチ），あるいは，被害者保護政策の変遷をたどったうえで（③アプローチ），公判手続における被害者保護の諸制度を検討しています（②アプローチ）（補足的に，①アプローチも）。このような方法をとったのは，こうすることで，問題点を立体的に理解することが可能になると思われたからです。

　本書のもうひとつの特色は，個々の問題点を掘り下げ，なるべく具体的に考えてもらうために，思い切って論点を絞るとともに，判例などの具体例をたくさん提示していることです。判例をあげるに際しては，事件の事実関係の部分を，相当詳細に示しました。読者の皆さんは，判例

の結論を「解答」とみるのではなく，本書に書かれた法律の一般的な説明を参考に，まずは，自分なりの結論を導き出してほしいと思います。法律の議論に，時間と空間を超えた「正解」なるものはないのです。

　本書の，以上のような欲張りなねらいを，限られたページ数の中で実現しようとしたため，（とくに刑法各論にあたる）個別の犯罪については，詐欺罪（第7章）と放火罪（第8章）しか扱われていません。詐欺罪は個人的法益の代表として，放火罪は社会的法益の代表として選びました。詐欺罪をとくに選んだのは，詐欺罪が個人的法益のうち重要な財産犯の一種であり，また，財産犯のうちでも，今日的な，新しい問題を含んでいるからです。放火罪を選んだのは，社会的法益のうち，公共危険罪の典型的犯罪だからです。ただ，章として取り上げた犯罪はこの2つですが，任意捜査のところで公務執行妨害罪（国家的法益に対する罪）を概説したり，被害者保護を扱う際に虚偽告訴罪を説明したり，というふうに，個別犯罪は随所に登場しています。皆さんは是非，手元に六法全書を用意して，刑法が個々の犯罪をどう定めているか，自分で確認してみてください。

　刑事法は，古くて新しい法分野です。古代ギリシャの哲学者が刑法を論じて以来，刑事法は時代とともに進化を遂げてきました。とりわけ21世紀になって，被害者保護立法がその典型ですが，大きく変化・発展し，重要な立法，裁判例が相次ぎました。そこで本書では，なるべく新しい制度や立法の動き，判例の動きを紹介し，解説することにしました。これも本書の特色のひとつといえましょうか。

　繰り返しになりますが，本書は，刑事法に関する広く浅い知識を提供するのではなく，読者の皆さんが，厳選した論点について刑事法に対する理解を深め，自分で考える力をつけることを期待して書かれました。本書が，皆さんの刑事法に対する関心を広げ，理解を深めるきっかけとなることを，期待してやみません。

2015年11月

白取　祐司

# 目次

まえがき 3

## 1 刑罰の目的とは？ 9
1. サンクションとしての刑罰 9
2. 刑罰が存在する理由 13
3. 刑法は何のためにあるのか？ 17

## 2 犯罪と罪刑法定主義 24
1. 刑事法と法定・適正手続 24
2. 罪刑法定主義の具体的内容 28
3. 実体的デュー・プロセス理論 34

## 3 事実的因果関係と法律的因果関係 39
1. 条件関係とは？ 39
2. 相当因果関係の確認と問題点 45
3. 因果関係と法律上の推定 51

## 4 正当防衛の限界 54
1. 違法性が阻却される事由 54
2. 正当防衛とは何か？ 58
3. 挑発行為と正当防衛 63

## 5 | 故意と錯誤　69
　　1．故意と未必の故意の話　69
　　2．「事実の錯誤」の2類型　76
　　3．故意の立証と裁判員裁判　82

## 6 | 共犯——犯罪の共同実現　87
　　1．共犯の種類と処罰根拠　87
　　2．共謀共同正犯と従犯　95
　　3．「共犯」と刑事手続　100

## 7 | 詐欺罪の今日的諸問題　104
　　1．詐欺罪の特徴と成立要件　104
　　2．新しい詐欺の形態（1）　111
　　3．新しい詐欺の形態（2）　114
　　4．詐欺の故意の立証について　118

## 8 | 放火と公共の危険　121
　　1．放火罪の性格　121
　　2．「公共の危険」とその認識　126
　　3．人の現住性をめぐって　131

## 9 | 犯罪捜査の開始　138
　　1．捜査が始まるきっかけ　138
　　2．職務質問と所持品検査　144
　　3．その他の捜査のきっかけ　150

## 10 犯罪被害者の地位　　155
　1．犯罪と被害者　155
　2．刑事裁判と被害者①――保護の時代　161
　3．刑事裁判と被害者②――参加の時代　165

## 11 強制捜査の許される条件　　169
　1．強制捜査と令状主義　169
　2．有形力の行使を伴わない強制捜査について　176
　3．令状のない捜索・差押え　181

## 12 被疑者と防御権　　186
　1．黙秘権はなぜ重要な権利なのか？　186
　2．弁護人の役割と義務　191
　3．接見交通権（面会の権利）の重要性　197

## 13 起訴・不起訴の決定　　203
　1．誰が刑事裁判を開始させるのか？　203
　2．起訴便宜主義とその抑制方法　210
　3．公訴権濫用論　215

## 14 違法に収集された証拠　　219
　1．適正手続の保護と証拠法　219
　2．「毒樹の果実」と証拠排除　227
　3．最高裁2003年2月14日判決　232

## 15 | 伝聞法則と例外　　　237

1. 供述証拠の危険性　237
2. 非伝聞と伝聞の区別　243
3. 検察官面前調書と供述者の国外退去　248

索　引　254

判例索引　262

# 1 | 刑罰の目的とは？

《目標＆ポイント》 本章では，刑事法の中核を占める刑罰を取りあげ，なぜ人を罰するのか，罰することが許されるのかについて検討を加え，刑事法の全体像を示します。刑罰は，サンクション（制裁）の一種ですが，その他のサンクションとの違いについても明らかにします。
《キーワード》 制裁（サンクション），応報刑論，一般予防論，特別予防論，保安処分，保護処分

## 1. サンクションとしての刑罰

### （1）刑罰の扱い方

　本書では，犯罪と刑罰に関する法制度と法現象を扱います。ただ，これをどう扱うかは，実は簡単ではなく，少々整理が必要です。本章では，まず「刑罰」を取りあげますが，これを扱う視点として，①実体，②手続，③政策という3つの方向から扱うことにします。犯罪と刑罰について，この3方向のどの方面から議論するのかを意識して区別することで，問題点をよりクリアにできるのではないかと思うからです。刑罰についていえば，①実体面では，要するに刑法という法律に刑罰がどのように規定されているかが問題になります。具体的には，刑法9条で刑罰の種類が規定され，10条でその軽重，11条以下では各種刑罰の説明がなされています。さらに刑法77条以下では個々の犯罪が規定されていますが，どの条文にも，その犯罪に対応する刑罰が定められています。これが実

体面です。次に、②手続では、裁判で有罪が確定し刑罰を適用する段階になった場合について、どのように刑罰を執行するのかが問題になります。この点に関する条文が、刑事訴訟法第7編・裁判の執行のところに並んでいます。日本の制度では、刑の執行段階になると、もっぱら検察官が執行の指揮をすることになり（刑訴法472条）、裁判所が関与することはありません。刑の執行段階に生じる問題について、フランスのように司法機関が関わっても良いようにも思われますが、これをどうするかは立法問題です（次の政策の問題です）。③刑罰の政策の側面については、いわば立法論になりますが、死刑制度の問題、公益奉仕労働のような新しい刑罰の創設（外国には立法化している国が多い）の問題など、議論すべきことがいろいろあります。

　というように、たとえば「刑罰」についても、3つの異なるアプローチが可能であり、必要なのです。

## （2）サンクションの意味

　ところで、刑罰に似た概念として、制裁すなわちサンクションがあります。刑罰と制裁（サンクション）は一部重なる概念で、サンクションはより広い概念ですので、刑罰は制裁の一種だということができます。刑法という法律、刑法典に反する行為があるとサンクションが科せられるという点では、刑法も他の法律も同じです。民法だと、たとえばお金を借りる約束（契約）をしたら、その効果として借りたお金を返済するという義務が生じます。これは、サンクションというより、要件と効果で説明するほうがいいでしょう。法律の決まり事は、要件と効果からできていて、お金を借りる約束（契約という要件）を充たすと、効果として返済するという義務が生じるのです。刑法の殺人罪を例にとると、「人を殺す」という法律要件を充たす行為をすると、その効果として、死刑、

懲役刑などの刑罰が科されます。これは，見方を少し変えれば，「刑罰」というサンクションを避けたければ「人を殺さない」という選択肢を選べばいい，ということになります。つまり，サンクションは，法の目的を達成するために法的な義務に違反した人に科すものなのです。

　このサンクションには，いろいろなものがあります。道路交通法に違反し，反則金をとられたり免許の点数がなくなるのもサンクションですし，離婚に責任がある夫が払う慰謝料もサンクションです。その中で，刑罰という制裁，サンクションが最も厳しいものです。時代が変わっても，この点は変わりません。日本の刑罰で一番重たいものは「死刑」ですが，これ以上の制裁はありません。もちろん，同じ死刑でも，かつては釜ゆで，火あぶりなどの苛酷な「死刑」が存在しましたが，現在は，憲法36条で「残虐な刑罰」は禁止されています。しかし，言うまでもなく，死刑は，その執行方法を問わず苛酷です。死刑でなくても，無期懲役も，いや，懲役20年の刑でも，他のサンクションと比べると甚だしく苛酷です。それだけ犯罪と刑罰の問題は，社会にとっても国家にとっても重大事なのです。

## (3) 刑法・刑罰と保護処分

　ここで刑罰と刑法の関係について述べます。刑罰は，最も重いサンクションですから，どのような場合に発動されるのかについて，国家の恣意的な刑罰権行使を防ぐために，あらかじめその要件を法律に定めておく必要があります。法律には，刑罰を発動する要件として，社会的に許されない（処罰に値すると考えられる）行為が定められ，それに対応する刑罰が書かれます。この法律を，「刑法」と呼びます。日本では，犯罪と刑罰のうち，刑罰に着目して刑法と呼んでいますが，国によっては，犯罪に着目して「犯罪法」（Criminal Law）などと呼ぶことがあります

が，中身は同じです。つまり，刑法は，犯罪と刑罰に関する法律です。そして，少し紛らわしいのですが，「刑法」という名前の法律があります。これは明治時代にできて今も使われている，犯罪と刑罰の基本的なことを定める法律です。紛らわしいので，以下では，両者を区別するために，刑法と名付けられている法律のことを，刑法典と呼ぶことにしましょう。それ以外の，たとえば覚せい剤取締法や軽犯罪法などは，特別刑法と呼びます。刑法典，特別刑法を含め，犯罪と刑罰について定めた法律を，広義で刑法と呼んでおきます。

　犯罪が行われたら，刑罰が科せられますが，つねにそうでしょうか。犯罪は，少年によっても犯されますが，多くの場合，刑罰は回避され，その代わりに「保護処分」に付されます。この保護処分とは，少年が十分成熟しておらず，将来に向かって成長発達していく存在であることを考慮して，刑事責任を負わせるため刑務所に入れるのではなく，少年院などの特別の施設に収容して教育（矯正教育）する処分のことをいいます。保護処分が刑罰とどう違うのかを確かめることで，刑罰の意義や役割が明らかになると思われますので，両者の対比をもう少し続けたいと思います。後で述べますように，刑罰にも教育的な役割がないわけではなく，この点を強調する学説もあります。しかし，現実の刑罰は，懲役刑についていえば，厳しい監視のもとで労働が強制されるもので，自己決定の自由は大幅に制限されます。施設の規模も，大規模なものが少なくありません。これに対して，少年院は，基本的に教育の場であり，小規模の収容施設の中で職員の密度の濃い指導のもとで生活し，毎日の矯正教育プログラムにしたがって，自己決定能力を身につけ社会に適合できるように教育を行い，資格をとらせる指導なども行われているようです。最近では，刑事施設に関する新しい法律（2005年の刑事施設収容法）ができて刑務所の処遇が大きく改善され，他方で少年法の改正でこれま

で以上に少年に刑罰を科す場合を拡げた結果，両者の差は狭まっています。とはいえ，刑罰が最も強力な，保護処分とは質的に異る苛酷なサンクションであることは否定できず，さらに，刑罰を受けたという事実は前科として残ってしまうのです。

### （4） 刑罰と保安処分

　犯罪が行われたときに科される特別な刑事処分に，保安処分があります。刑罰は，制裁ではありますが，犯人の責任を自覚させ改善更生を促すというねらいがあります。これに対して，保安処分とは，犯罪を行った者の将来の危険性を除去・予防するための，社会から隔離する処分のことをいいます。歴史的には，ヒットラーの時代に（1933年），ドイツで「危険な常習犯人」に対する処分として導入されたのが有名ですが，日本でも1970年代に刑法改正論議の中で議論されたことがあります。しかし，保安処分の対象者は，主に危険な精神障害者であり，これを治療せずに拘禁するのは重大な人権侵害になります。保安処分が日本で立法上認められなかったのは，当然といえます。2003年に，心身喪失者等医療観察法ができ，犯罪を犯した精神障害者は，再犯のおそれなどの要件があれば入院・通院が強制されるようになりました。いわゆる保安処分とはいえないにしても，その危険があるとして，立法時から批判されてきました。今後とも，法律の運用には注意してみていく必要があるように思います。

## 2．刑罰が存在する理由

### （1） 応報としての刑罰

　私たちが，もし正当な理由なく，個人的に人を拘束すれば監禁罪で処

罰されますし，命を奪えば殺人罪です。それを国家が，権力の行使として刑罰を科すことが許されるのはなぜでしょうか。これは，「刑法の目的」は何か，という問題で学界でも古くから議論があり，なお正解のでない難しい問題なのです。なぜ，刑罰を科すことが許されるのか。刑罰を正当化するだけの理由があるはずです。これについては，大きく2つの考え方があります。第1に，刑罰は応報だとする考え方です。古くは，被害者が受けた被害と同じ苦痛を与える，という制度もありました。「目には目を，歯には歯を」という古代の法律がその典型です。もちろん，時代が進むにつれて報復的な要素は薄れていき，今日では，刑罰は罪を犯した者にはその責任に応じて科すものであり，それが正義にかなっていることをもって正当化される，と理解されています。

　ただ，後で述べる目的刑論と比べると，犯罪によって，たとえば人に大変なけがを負わせた場合，傷害という結果に応じた「責任」を果たさなければならない，そのために刑罰という「報い」を受けるのは当然だという応報刑の考え方は，市民の常識に合致します。

　実際の裁判でも，応報的な考えでなされていると思われる場面があります。たとえば，殺人事件で，死刑になるか無期懲役になるかという微妙な事案のとき，亡くなった被害者の人数が問題になることがあります。被害者が1人なら死刑にならず，複数だと死刑，などといわれます。これは，刑罰が応報だという見方にたった議論ですが，機械的な「目には目を」といった素朴な応報刑の議論は，今日支持されていないとみるべきでしょう。

## (2) 目的としての刑罰

　刑罰の目的についての第2の考え方は，刑罰によって「予防」という効果を期待するもので，予防刑論といいます。予防という目的のために

刑を科すと考えるので，目的刑論といってもいいでしょう。これには，一般予防（論）と特別予防（教育刑）（論）の2つの考え方があります。

まず，前者の一般予防について見ていきます。すでに起きてしまった犯罪を防ぐことはできませんが，犯人をつかまえて刑罰を科すことで，将来の犯罪を予防することが期待できます。「一罰百戒」という言葉があります。一つ罰を加えることで，世間に対する百の戒めとする，という意味です。実際に処罰しなくても，刑法典に「詐欺を働いたら，懲役10年以下の刑罰を科す」と書いてあれば，人は詐欺を思いとどまるだろう，という考え方です。予防には，世間一般に向けられた予防のほかに，犯人にサンクションを与えることで，刑が終わって社会に戻ってきた後，懲りてもう犯罪を犯さないだろうという予防もあります。どちらも，過去に行われた犯罪に対して刑罰を与えるのですが，それは将来，再び犯罪が犯されないためだという点で共通です。応報刑の考えが，犯罪者に正面から向き合って，その責任非難のため「応報」として刑罰を与えるのと比べると，この予防刑の考え方は，刑罰というサンクションを手段として，社会の秩序を維持しようとするため，社会的影響の大きな事件については重たい刑罰を科すべきだという議論に傾きがちです。また，応報という刑罰を与えることを正義だと考える論者からは，「予防刑の考え方は，刑罰を手段とするものである」という批判もなされています。ただ，道路交通法にある罰則規定を考えれば分かるように，ある種の犯罪は，刑罰を科すことを事前に警告することで，犯罪が減り，規範が守られるようになります。だから，予防としての刑法をまったく否定してしまうことはできないでしょう。この考え方の欠点である「犯人自身に目を向けていない」という点は，次の第2の考え方によって，大きく修正されることになります。

そこで，予防の第2の考え方である，刑罰を教育と考える見方につい

てみていくことにしましょう。これを特別予防といいます。犯罪行為をした者が将来犯罪を犯さないための「特別」な予防を刑罰に期待する考え方です。この第2の見方は、実は、かなり新しいものです。といっても、19世紀の後半から20世紀にかけて主張されはじめたもので、1世紀以上の歴史があります。その中で、20世紀の半ば、フランスのマルク・アンセルという人が、『新社会防衛論』という本の中で主張した教育刑の考え方が有名です。犯罪という社会のルールから逸脱した者を、教育して社会に戻す必要がある。この教育が刑罰だ、というのです。この、刑罰は教育だという考え方によると、刑罰に道徳的な責任非難という要素、被害を生じさせたことへの「報い」という要素はないことになります。20世紀に生まれたこの大胆な刑罰観は、しかし、そのままの形では支持されず、また立法で実現することもなかったのですが、いろいろなかたちで現行の制度に活きています。たとえば、刑罰を応報と考えると、刑務所は、苦痛を与える場所で構わないことになりますが、この教育刑の立場では、刑務所は教育の場ということになりますから、刑務所における生活条件の改善、社会に戻ったときのための職業訓練などが必要になります。現在の刑務所はどうかというと、不十分とはいえ、刑務作業によって技術を身につける機会を与えたり、立ち直りのための処遇プログラムを用意したりしています。

## (3) 今日的考え方

　今日の刑法学では、刑罰の目的は、「応報」「予防」「教育」のすべてを含むと解しています。そのうち、どれが基本となる目的かという点になると、いろいろと見解が分かれます。しかし、ひるがえって考えてみると、制度というのはいくつかの狙いや目的を実現するために、ときには妥協したり譲歩してできあがったものです。ですから、刑罰、あるい

は刑罰制度を，複数の目的を達成するために仕組まれたものと解するのは，むしろ自然なことなのです。たとえば，次のように考えてはどうでしょう。

　刑罰制度にしても，社会秩序の維持のために一般予防の働きが期待され，さらに犯人と認定された人に対して教育によって社会復帰をさせるための処分を課す仕組みとして，刑罰制度がつくられる。しかし，刑罰は応報でもあるのだから，犯人の引き起こした結果（人の死など）に対する責任を超えて刑罰を科すことはできない，と考えるのです。ただし，応報というと，被害者の処罰感情をそのまま持ち込むかのように誤解されることがありますが，それは違います。たまたま被害者が寛大だったか否かで刑罰が変わってくるのはおかしいし，天涯孤独な人と多くの家族を養っている人とで「応報」刑が違っては法の下の平等に反することにもなりかねません。犯罪の結果をあまり情緒的に捉えると，適正な刑罰を科すことにはならず，刑罰に期待される役割が果たせないことにもなってしまいます。刑罰の目的をどう捉えるにしても，一面的な議論にならないように気をつけなければいけないように思います。

## 3．刑法は何のためにあるのか？

### (1) 社会規範としての刑法

　刑罰の話はここで一区切りとして，次の刑法について考えてみましょう。さて皆さん，刑法は何のためにあるのでしょうか。これを考えるために，仮に皆さんが立法者だと考えてみてください。あるいは，皆さんが架空の国の王様で，刑法をつくる権限を独占していると想像してもよいでしょう。その場合，どのような刑法をつくりたいと考えるでしょうか。これまで，刑法のあり方について，大きく2つの見解が主張されて

きました。第1の立場は，刑法を社会道徳の一部と考える見解です。ただ，道徳には，家族を大切にするとか，並んでいる列に割り込まない，約束は守るといったものもあり，これらは刑罰で強制するまでのことはなさそうです。したがって，刑法で守らせようという倫理・道徳は，さしあたり，とくに重大な道徳違反，たとえば人を殺す，物を盗むといった行為に限ることになりそうです。こういう非常に重大な道徳違反だから，とくに刑罰をもって市民に強制することにしたと考えるのです。この見解によれば，刑法の目的は，最小限の社会・倫理規範を維持することだということになり，刑法は社会を統制する手段だと考えます。

この見解によっても，個人の生命，財産などは守られますが，それは，刑法が社会の倫理秩序を保護していることの副産物にすぎないことになります。たしかに，現行刑法（とくに刑法典）に規定されているほとんどの犯罪と刑罰は，最小限の道徳だと説明することは可能であり，そのほうが説明もしやすいかもしれません。そのためもあり，この1つ目の立場は，今でも有力な見方です。

### (2) 法益保護のための刑法

これに対して，第2の見方は，刑法の目的は，国家が規範を押しつけることではなく，端的に，国民や社会にとって重要な利益を守ることだと考えます。たとえば，人の物を盗んだら罰せられるのは，倫理規範に反したからではなく，個人がもっている財産という利益を勝手に奪ったからだと考えます。殺人についていうと，人の生命という重要な利益を守るために，刑法は「殺人罪」という犯罪を定め，殺人によって人の生命を奪ったら，最大死刑まで科すことにしたと考えるのです。財産や人の生命のように，刑法で保護される利益のことを法益といいます。もともとは，ドイツ刑法にいう「Rechtsgut」の訳語であり，当初は犯罪の

本質を説明するのに用いられていました。たとえば，犯罪は法益侵害を本質とする，というふうに用います。この第2の見方は，刑法は犯罪ごとに異なる法益を保護することを目的としていると考え，社会倫理規範を基軸に刑法を考えようとする第1の見方を厳しく批判します。

　たしかに，自由で民主的な社会における刑法は，何よりも国や社会を構成する市民の利益や安全を守るものでなければならず，上から道徳的な規範を刑罰で強制するようなものであってはいけないのです。その意味で，基本的に第2の見方が正しいと思われます。ただ，刑法によって個人や社会の利益を守るという発想は，犯罪よってその利益が侵害されたとき，厳しい刑罰でのぞむという方向にいきやすく，また，社会的に意味のある新しい権利，利益が生じたとき，それを守るのに過剰に刑法にたよる危険があることは指摘しておきたいと思います。

## （3）「尊属殺人」と刑法

　以上の2つの見解は，実際にはかなり重なります。刑法が「犯罪」のいろいろな類型を規定して，違反したら「刑罰」を科すのは，その行為が社会全体からみて，社会の最小限のルールに違反する行為であると同時に，個人または社会，あるいは国家の利益を害するからだと考えれば，両者はともに，刑法の重要な側面を指摘したものであり，矛盾しないといえなくもありません。先に刑罰の目的について，折衷的な考え方を示しましたが，ここでも，刑法を1つの見方で割り切らずに，両者ともに目的として重要だと考えて何ら問題なさそうです。

　しかし，社会規範をより強調するか，法益保護をより強調するかで，結論が異なる場合があります。とくに，倫理・道徳に違反する行為を「犯罪」として処罰するかどうかについて，刑法を法益保護のための法律と考える立場からは，消極的な態度をとることになります。ここで，刑法

と道徳の関係について，今は廃止された尊属殺人処罰規定の例をあげながら考えてみることにしましょう。この事件は，道徳を刑法で強制することが許されないのではないかが問題になった事例です。

　尊属殺人を重く処罰する改正前の刑法200条は，憲法違反だとして上告されたのがこの事件です。明治時代にできた刑法典には，同じ殺人や傷害致死でも，被害者が尊属，つまり父母や祖父母のときは普通の殺人罪などとは別に，尊属殺人罪，尊属傷害致死罪という特別の犯罪類型がありました。殺人を例にとると，通常の殺人の場合，刑罰の上限は死刑ですが，その下は無期懲役，3年以上の懲役と刑の幅が大きく，加害者に同情すべき事情があれば，殺人既遂であっても執行猶予が付される裁判も少なくありませんでした。近時，殺人の下限が3年から5年に引き上げられましたが，それでも，執行猶予をつけることはできます。ところが，尊属殺人罪の刑は，死刑または無期懲役しかなく，どんなに同情すべき事情があっても，執行猶予にはできませんでした。親を殺すという，道義的により重い非難に値する犯行があったのだから，それ相応に刑罰が重いのはやむを得ないという考え方もあります。1948年に現行の憲法ができたとき，憲法に反すると思われる犯罪，たとえば不貞罪といって妻の姦通だけ犯罪として処罰する規定は削除されました。ところが，この尊属殺人罪，尊属傷害致死罪などの規定は，戦前のまま残りました。当時の立法者は，この程度の法定刑の差はやむを得ないと考えたのでしょう。実際，尊属を殺した犯人が，尊属殺人で起訴され，相対的に重たい刑罰で罰せられる事件が，戦後いくつかありました。しかし，尊属殺人で起訴される被告人は，むしろ幼少の頃より父親に性的虐待を受けてきた「被害者」的立場の娘であることも多く，これに刑法200条の尊属殺人罪を適用すると，執行猶予もつけられず，結果的に正義に反することになってしまいます。そこで多くの学者は，この規定が憲法14条の

「法の下の平等原則」に反すると主張しました。そして，1973年4月4日，最高裁判所は，大法廷を開き，刑法200条の尊属殺人重罰規定が死刑，無期懲役しかないのは，著しく犯罪と刑罰の均衡を欠いて憲法14条に違反すると，初めて判断しました。この判決には，たくさんの裁判官の意見が付されていますが，その中から，刑法と道徳の問題を考えるうえで参考になる2人の裁判官の意見を紹介しましょう。

　はじめに，著名な行政法学者でもあった田中二郎裁判官の意見です。彼は，こう言います。「憲法の趣旨に徴すれば，尊属がただ尊属なるがゆえに特別の保護を受けるべきであるとか，本人のほか配偶者を含めて卑属の尊属殺人はその背徳性が著しく，特に強い道義的非難に値いするとかの理由によつて，尊属殺人に関する特別の規定を設けることは，一種の身分制道徳の見地に立つものというべきであり，前叙の旧家族制度的倫理観に立脚するものであつて，個人の尊厳と人格価値の平等を基本的な立脚点とする民主主義の理念と牴触するものとの疑いが極めて濃厚である」。田中意見は，大法廷の意見以上に，刑法と道徳とを峻別すべきであるとしています。

　これと対照的なのが，下田武三裁判官の反対意見です。下田裁判官は，次のように言います。「尊属の殺害は，それ自体人倫の大本に反し，かかる行為をあえてした者の背倫理性は，高度の社会的道義的非難に値するものであつて，刑法200条は，かかる所為は通常の殺人の場合より厳重に処罰し，もつて強くこれを禁圧しようとするものにほかならないから，その法定刑がとくに厳しいことはむしろ理の当然としなければならない」。もともとの立法者も，もしかしたら，この下田意見のような考えで刑法200条をつくったのかもしれません。しかし，戦前の家族制度が否定され，個人の尊厳が重視される憲法のもとで，刑法だけが封建的倫理観を維持することはできなかったのです。今の刑法典をみると，

200条のところが空白で,「削除」とのみ書かれていますが,その背景に,以上のような事情があったのです。

## (4) 刑法はどのようにして実現されるか？

　刑法を理論的に考え,犯罪の成立を検討するとき,たとえば「殺人」であれば,最初に犯人のピストルを発射する行為が刑法典199条の「殺人」の類型にあたるかを確かめ,次にそれが違法性を帯びるか,たとえば正当防衛にならないかを検討し,最後に行為者に刑事責任はあるかを論じていきます。しかし,実際の事件ではどうでしょう。たとえば,ある朝,公園で死体が発見されたとしましょう。胸に刃物によると思われる傷があり,大量に出血したあとがあったとします。自殺の可能性は小さいとしても,殺意があれば殺人罪が問題になりますが,たまたまナイフが深く突き刺さってしまったが殺意がないという場合であれば,傷害致死罪になります。つまり,最終的に何罪が成立するのか,犯人は誰でどのような刑罰が科されるのかは,捜査機関をはじめとする関係者の活動が積み重なって,最終的に明らかになることなのです。

　要するに,刑法が現実に適用され,刑罰権の行使までいくには,それなりの手続が必要だということです。その手続を刑事手続,刑事手続を定める法律を刑事訴訟法といいます。刑法と刑事訴訟法は,このように役割分担しながら犯罪現象を対象としてそれぞれの役割を果たしていますが,そのいずれを欠いても機能しません。本書では,刑法から順に講義をすすめ,後半で刑事訴訟法の話に入ることにしています。

## 【学習課題】

1. 刑法はサンクションの一種ですが,他のサンクションと比べどのよ

うな特徴がありますか。
2．刑法を応報あるいは予防目的だけと割り切ると，どのような問題が生じますか。
3．刑法の役割を，もっぱら社会規範・社会秩序の維持と考える見解に対して厳しい批判が有力になされていますが，それはなぜですか。


### 参考文献

・平野雄一『刑法の機能的考察』（有斐閣，1984年）
・佐伯仁志『制裁論』（有斐閣，2009年）
・佐伯仁志「少年法の理念—保護処分と責任」猪瀬慎一郎ほか編『少年法のあらたな展開』（有斐閣，2001年）35頁

## 2 犯罪と罪刑法定主義

《目標＆ポイント》 刑法という法律をつくるとき，また，できあがった刑法を解釈するとき，守らなければならない原則として罪刑法定主義，明確性の原則があります。その原則の中身は何か，なぜこれらの原則が重要なのかを学びます。
《キーワード》 罪刑法定主義，類推解釈の禁止，明確性の原則，適正手続の保障

## 1. 刑事法と法定・適正手続

### （1） 実体法も手続法も「法定」が必要なのはなぜか？

　刑罰は，サンクションの中でも最も苛酷で重要なものだ，ということは，第1章で学びました。国家が人に刑罰を科す権限（権力）のことを国家刑罰権と呼ぶとすれば，国家刑罰権は，国家のいろいろな権限（たとえば，徴税権）の中でも非常に強力で濫用のおそれのある権限です。歴史を封建制の時代まで遡れば，国王や封建領主に反抗する者は「政治犯」として恣意的に裁かれ，刑罰として期限の定めなく牢獄に入れられました。このような歴史的経過を経て，権力の分散と相互抑制によって人権侵害を可及的に防止するために，三権分立の制度が確立されました。国家刑罰権についていえば，国の役人が「犯人」をつかまえていきなり監獄に入れることは許されず，必ず政府とは独立した司法機関（裁判所）による裁判を経て，有罪判決というお墨付きをもらわなければなりませ

ん。ここで重要なことは，裁判所が「犯人」を有罪にするためには，独立した議会が前もって定めた，「刑法」という法律にもとづく必要があるということです。法のことわざに，「法律なければ犯罪なし」「法律なければ刑罰なし」（原語はラテン語）というのは，このことを意味します。

以上のことを国民の側からみると，「法定」によって次のようなメリットが生じます。それは，あらかじめ刑法に犯罪と刑罰が規定されていることによって，国民は何が犯罪か，どのような行為をすれば罰せられるのかを前もって知ることができます。それによって，国民は安心して社会生活を送ることができるのです。

もうひとつ，重要なことがあります。それは，刑法が法定されているだけでは足りず，捜査と裁判の手続についても法律にもとづく必要があるということです。その理由は，刑法の場合と同じく，国家刑罰権の恣意的な行使を防ぐことですが，同時に，裁判所に対する議会の抑制にもなっています。人を罰するには刑法が必要だとする原則を，罪刑法定主義といい，捜査と裁判手続について法律が必要だとする原則を手続法定原則と呼んでおきます。手続について必要とされる法律は，刑事訴訟法と呼ばれています。

今日では，法律が実体や手続を定めているだけでは足りず，その内容が適正なものでなければならないと解されています。何が適正かは，後で説明するように，簡単ではありませんが，たんなる法律主義ではなく，内容まで問われるようになったというのは，間違いなく歴史の進歩といえるでしょう。本章では，法律による実体と手続への規制の問題を扱いますが，その前にいくつか確認しておくべきことがあります。

### （2）実体法と法定原則

さて，何が犯罪かを決めるのは刑法という法律でなければならない，

というのが罪刑法定主義ですが，ここにひとつ問題があります。それは，刑法で取りあげるのは人の「行為」でなければならない，ということです。これを行為主義といいます。犯罪を犯した人の態度や行動を時間の経過でたどっていくと，（一例ですが）①犯行の動機が内心に生じる→②犯罪の準備をし機会をうかがう→③現実に犯罪行動（空き巣）をとる→④犯罪を完了して逃走，というプロセスをたどります。では，刑法はどの時点から登場するのでしょうか。道徳的には，何らかの犯罪を行う意思や計画をすることじたい，責められることかもしれません。しかし，刑法は人の内心に介入することはありません。少なくとも今の民主社会において，何らかの思想を抱いているだけで罪に問われることはなく，それが他人や社会に有害な行為に現実化してはじめて犯罪となるのです。上の例では，①は刑法上問題になりません。②の準備行為ですが，強盗や殺人などの重大犯罪については，とくに予備罪（刑法201条，237条など）の条文があれば処罰されます。しかし，空き巣などの窃盗事件では②段階では刑法の対象にはなりません。

　要するに，刑法上の犯罪が成立するか否かを論じる前提として，まず人の「行為」がなければならないのです。刑法学説には，この「行為」の重要性にかんがみて，これを犯罪成立の要件のひとつにあげるものもあります。要件としない論者の人も，およそ行為がないときに犯罪を論じることはしません。条文でも，たとえば正当防衛の規定には，「……行為は，罰しない」とあり，刑法典も「行為」が処罰の対象であることを前提にしていると考えるべきでしょう。

　皆さんは，行為が必要だという以上の説明に対して，次のような疑問をもたれるかもしれません。もし行為が必要だとすると，母親がネグレクトで放置したため乳児が飢え死にしたような場合，死なせる「行為」がないから罪に問えないのではないか，と。しかし，これは誤解です。

刑法学で「行為」という場合，作為のほかに不作為も行為に含めて考えるのです。古い裁判例に次のようなものがあります。母親が生後間もない乳児に添い寝をしながら授乳しているうちに眠り込んでしまい，乳房で赤ん坊の鼻口の部分を圧迫して死亡させてしまった事案について，裁判所は過失致死罪を認めました（大審院1927年10月16日判決）。死なせたのは眠り込んでいるときですので，その時点で「行為」はありません。しかし，そのような状態で眠り込むというのは，いかにも不注意です。そこで裁判所は，眠り込む前の不注意，つまり赤ん坊に生じる可能性のある生命の危険性を予期して避ける手立てを講じなかった点に「過失」行為を認めたのです。行うべき行為（作為）を行わないことを不作為といいますが，母親と乳児のように，身の安全を全面的に依存する（される）関係にあるとき，「何もしない」ために法益侵害の結果を生じさせたら，不作為であっても「行為」性が認められるのです。

### （3）手続法と法定原則

次に手続に関する前提問題について，です。それは，第1章でも少し触れましたが，犯罪は，刑事手続のレールに乗らないと犯罪あるいは犯罪者とは認められない，したがって刑罰を科すこともできないということです。実体法的に考えれば，ある人が誰にも知られることなく，他人のお金を盗んだら，窃盗罪（刑法235条）が成立します。しかし，手続法的に考えると，そもそも，そのような事実があったかないかは本人以外の人間には分からない，というところから出発します。つまり，刑法の条文や理論が登場するためには，まず犯罪が発覚しなければならず，発覚したが犯人が不明なら捜査をして犯人と証拠をみつけだす必要があります。

大変残念なことに，犯罪には「暗数」といって，実際には発生したの

に統計にあらわれない犯罪が多数あるのです。実体法的に犯罪が行われても，訴訟法的に犯罪があるとは認められない場合がある，ということです。それは，フィクションの世界に登場する完全犯罪ばかりではなく，コンビニや書店などで日々発生する多数の万引きなども「暗数」の大きな部分を占めていると思われます。そればかりではありません。かりに犯罪が発覚して被害者が警察に告訴しても，もし取りあげてもらえなかったら，事件は刑事手続のレールには乗りません。外国によっては，たとえばフランスでは，私訴といって，犯罪被害者が刑事裁判を開始させることが可能ですが，日本はそうではありません。検察官が起訴しないと決定すれば，原則として手続はそこでストップします。

このように，手続的にみると，刑事司法で扱う「犯罪事実」ないし「事件」は，最初から限られたものなのです。しかも，ある被疑者が検察官によって起訴されたとしても，起訴されただけでは，被疑者の名称が被告人に変わることにはなりますが，「真犯人」かどうかは分かりません。現実の問題として無罪になる確率がどんなに小さくても，なるべく人権の制約をなくし，一般市民として扱うことが必要になります。これを「無罪の推定」原則と呼びます。要するに，刑事手続では，刑法の「人を殺した者」（199条）であることの決着は，むしろゴールであり，そこにいたるプロセスが重要なのです。

## 2. 罪刑法定主義の具体的内容

### （1）罪刑法定主義と根拠法令

人が他人を害する「行為」を行ったとき，それを罰するには法律が必要だというのは，近代的な法治国家であれば当然ともいえる基本原理です。ですから，この原則がかりに法律に書かれていなくても，守られな

ければならないものです。しかし，その重要性からみて，本来は刑法典に規定されるのが望ましいことは当然です。1880年の旧刑法2条には，「法律に正条なき者は何等の所為といえどもこれを罰することを得ず」（原文は片仮名文語表記）と，明文で罪刑法定主義を規定していました。さらに，1889年に制定された明治憲法でも，その23条に，「日本臣民は法律に依るに非ずして逮捕監禁審問処罰を受くることなし」（原文は片仮名文語表記）という規定をおいています。後者の明治憲法では，処罰のほか，逮捕・監禁・審問といった手続上の不利益処分についても法律の根拠が必要だとしている点に注意してください。

　ところが，1907年の現行刑法には，罪刑法定主義の規定がありません。なぜなくなってしまったのか明確なところは分かりませんが，立法者は，上位規範である明治憲法に定められているのだから重ねて規定する必要はない，と考えたようなのです。その明治憲法は，ご承知のように1948年の現行憲法によって，とって替わられます。明治憲法23条がなくなったわけですが，現行憲法は，罪刑法定主義に関する規定をおいているのでしょうか。今の憲法はアメリカ憲法から強い影響を受けたものであるため，表現上のニュアンスは少し異なりますが，「法定」原則について次のような条文をおきました。すなわち，憲法31条に，「何人も，法律の定める手続によらなければ，その生命若しくは自由を奪われ，又はその他の刑罰を科せられない」，という規定をおいたのです。一見すると「手続」についてしか定められていないようにも読めますが，「法律の定める手続」に，手続法のほかに，刑罰を科す根拠法令としての実体法＝刑法もここに含まれると解されています。憲法は変わっても，刑事法の手続と実体に関する法定原則は，憲法上維持されたのです。

　罪刑法定主義に関するその他の現行憲法の条文として，73条6号も重要です。そこでは，政令には法律の委任（特定委任でなければなりませ

ん）があれば刑罰法規をおくことはできるとしています。また，地方自治法14条3項は，地方公共団体の議会が刑罰法規を設け最高で懲役2年までの刑を科すことを認めています。実際にも，この条文を根拠にして，後で登場する青少年保護育成条例のほか，迷惑防止条例など多くの条例に罰則が設けられています。条例は，地方議会で定めるもので，民主主義的基盤をもった法規範であり，憲法94条の地方自治の精神からも，罰則を伴う条例は憲法31条に反しないと解されています。

### （2）慣習刑法の禁止

　ここから，罪刑法定主義の中身の説明に入っていきましょう。一般に，罪刑法定主義には4つの派生的原則があるといわれています。4つとは，①法律主義（慣習刑法の禁止），②類推解釈の禁止，③遡及処罰の禁止，④絶対的不定期刑の禁止，です。このほか，明確性の原則も罪刑法定主義の一内容だとする見解も有力ですが，明確性の原則はアメリカの連邦最高裁判所の判例で形成・発展してきたものなので，ここではいちおう区別して，後に実体的デュー・プロセスの問題として扱いたいと思います。

　最初が①法律主義です。第1章で刑法と道徳の関係について，尊属殺人処罰規定を題材に検討しましたが，そこで問題になったのは刑法で道徳を強制して良いか，でした。ここでの問題は，その裏返しとして，社会的・道徳的に非難される行為があっても，それを罰する刑法がなければ処罰されることはない，ということです。2015年2月に，韓国の憲法裁判所は，姦通罪を違憲とする判断をくだしました。この判決によって，姦通罪は即時廃止され，これまで有罪とされ確定した人たちは再審によって救済されることになりました。日本では，現行憲法ができるまで，不貞を犯罪とする姦通罪が刑法典の中に規定されていました。ただし，

有夫の女子の不貞は姦通罪として処罰するが，その逆は処罰の対象とされておらず，憲法14条，24条に抵触するものとして，姦通罪の条文は削除されたのです。その結果，不貞行為が捜査や刑事裁判の対象となることはなくなりました。もちろん，現在でも不貞は離婚事由になりますし，民法上の不法行為にあたります。ただ，刑法上は，条文が廃止された以上，不問に付されることになります。

　道徳は時代や国によって異なりますので，ある時代に反道徳的であることを理由に処罰された行為が，時代が変わって刑法の対象から外れることもあります。とくに性道徳の分野で，このようなことが起こります。社会の慣習や道徳は，一度に変わるわけではありません。しかし，ときには，刑法の処罰と社会の道徳意識がずれることがあります。その場合，道義的に問題があるからといっても，もし対応する刑法の規定がないなら，罰することはできません。類似の処罰規定があっても，それを無理に拡げて解釈して処罰することもできません。この最後の点は，類推解釈の禁止といって，次に取りあげる問題でもあります。

### （3）類推解釈の禁止

　というわけで，2つめの派生原則が，②類推解釈の禁止です。刑法では，個々の犯罪類型を定めていますが，その言葉の意味を超えて解釈すると，刑法が本来予定する以上に処罰の範囲が拡がってしまいます。これを禁止するのが，類推解釈の禁止です。たとえば，刑法典235条に他人の財物を窃取する（盗む）行為は窃盗罪だと書いてあります。それでは，物は盗まないが，他人のパソコンに入っている情報，データを盗む行為は窃盗でしょうか。情報は「物」ではないので，刑法典の窃盗にはあたらないのです（特別刑法で処罰されます）。

　ほかの例として，かつて裁判所で争われた爆発物取締罰則違反に関す

る著名事件をみていくことにしましょう。罰則 1 条は，治安を妨げる目的等をもって爆発物を使用した者は，死刑，無期，7 年以上の有期懲役または禁固に処する，としています。第二次大戦後間もない頃の，労働運動，大衆運動などの一部にみられた火炎びん闘争に対処するため，検察官は，火炎びんの使用を，爆発物取締罰則 1 条の「爆発物」使用罪と構成して裁判所に起訴しました。火炎びんというのは，ガラスびんなどの容器にガソリン，灯油その他引火しやすい物質を入れ，その物質が流れ出て飛び散った場合にそれを燃焼させるための発火装置を施したものです。そのルーツは，第二次世界大戦において，フランスの愛国者の間で，ナチス・ドイツの戦車を攻撃するための武器として使用したことに始まるといわれています。日本で最初に使用されたのは，1952年の神戸米軍キャンプ襲撃事件だとされています。

　さて，最高裁は，1956年 6 月27日，大法廷を開いて，爆発物取締罰則にいう「爆発物」とは，「理化学上の爆発現象を惹起するような不安定な平衡状態において，薬品その他の資材が結合せる物体であつて，その爆発作用そのものによつて公共の安全をみだし又は人の身体財産を害するに足る破壊力を有するもの」だと解釈したうえで，火炎びんはこれにあたらないとして，被告人を無罪にしました。火炎びんで社会に不安を与え，場合によっては警察官らにやけどを負わせる行為は，もちろん，社会的に非難されるべき行為ですが，だからといって，死刑まで法定刑にある「爆発物」の概念を拡げて処罰することは許されないとしたのです。無罪となったのは，火炎びんの使用に相応しい刑罰法規がなかったからにすぎません。この最高裁の判決は，続けて，次のように言っています。「本件火焔瓶の如きものが公共の安全をみだす危険物であり，これが製造及び行使等を特段に取締る必要があるとすれば，須らく特別なる立法に俟つ外はないのであつてこの事たるや罪刑法定主義の原則に照

らし多言を要しないところである」。そして，この判決のあと，1972年に，「火炎びんの使用等の処罰に関する法律」（火炎びん処罰法）ができました。この法律によって，火炎びんの使用は，7年以下の懲役で罰せられることになりました。ちなみに，爆発物取締罰則1条の刑の下限が7年でした。

### (4) 遡及処罰の禁止と絶対的不定期刑の禁止

　火炎びん処罰法によって，処罰の空白は埋まりました。では，この法律ができる以前の行為に，火炎びん処罰法を遡って及ぼすことはできるでしょうか。遡及して適用できないと，法の間隙で処罰を逃れる人がでてきそうです。しかし，遡及することは罪刑法定主義に照らして許されないのです。これを，③遡及処罰の禁止の原則と呼びます。遡及処罰，つまり犯罪行為があった後に刑罰法規をつくり，それを遡って行為者に適用することは許されません。なぜなら，行為をしたその人にとっては，犯罪を行った時点についてみると，犯罪と刑罰はまだ「法定」されていなかったからです。刑罰を応報，責任非難と考えるとしても，刑法が制定される前の行為を非難することはできないので，その意味でも遡及処罰禁止の原則は，刑法の基本原則として重要なのです。この原則は，憲法39条に次のように規定されています。「何人も，実行の時に適法であった行為……については，刑事上の責任は問はれない」。

　罪刑法定主義の4番目の原則が，④絶対的不定期刑の禁止です。罪刑法定主義の要請は，「犯罪」だけでなく，それに対応する「刑罰」の法定にも及ぶと解されますので，刑罰について内容を特定せず裁判所に丸投げするような規定は許されません。現行刑法は，外国法と比べても，法定刑の範囲がかなり広いのですが（殺人では，懲役5年から死刑まで），それでも刑の幅について特定はされています。許されないのは，

刑期の定めなく「懲役とする」「刑罰を科す」といった刑法です。一部の研究者のいうように，（絶対的）不定期刑の禁止というより，（絶対的）不確定刑の禁止というほうが良いかもしれません。

## 3. 実体的デュー・プロセス理論

### （1）「法定」から内容の「適正」へ

　憲法31条が，アメリカ憲法の適正手続（デュー・プロセス）条項に範をとった規定であることから，第二次大戦後の刑法学では，罪刑法定主義の上述した4つの派生原理のほかに，⑤明確性の原則，⑥実体的デュー・プロセス理論（処罰の必要性と罪刑の均衡）が憲法31条から導かれると解されるようになりました。旧刑法や明治憲法に定められた罪刑法定主義が，フランス法やドイツ法など大陸法に由来する原則であるのに対して，新たな派生原理⑤・⑥は，アメリカ法にならって，裁判所による法律そのものの審査（合憲性判断）を要求するものです。この新しい発想による司法審査は，はじめ学説で日本に紹介され，最高裁も理論として受け入れるにいたりました。それが次の判決です。

　1975年9月10日，最高裁大法廷は，「ある刑罰法規のあいまい不明確のゆえに憲法31条に違反するものと認めるべきかどうかは，通常の判断能力を有する一般人の理解において，具体的場合に当該行為がその適用を受けるものかどうかの判断を可能ならしめるような基準が読み取れるかどうかによってこれを決定すべきである」という判決を言い渡しました（徳島県公安条例事件）。これは，「あいまいな刑罰法規は違憲となりうる」（派生原理⑤）との一般原則を認めたうえで，その判断基準は一般人の理解力とするものです。この基準は，後の裁判例でも踏襲され，繰り返し用いられています。しかし，この判決を含め，法令が明確でな

いから違憲であるとしたものはありません。1975年の事案は，デモ行進で蛇行などをしたことが，徳島県公安条例3条3号の「交通秩序を維持すること」という義務に違反するとして処罰できるかという問題でした。高裁が，「交通秩序を維持すること」というだけでは一般的，抽象的，多義的であるから違憲だとしたのに対して，最高裁は，上にあげた基準を使って不明確ではないと判示したのです。この合憲判断に対しては学説から異論もだされています。

### (2) 福岡県青少年保護育成条例

　1985年，最高裁は，福岡県青少年保護育成条例10条1項が合憲性か否かについて，再び大法廷を開き，10年前に示した明確性判断における一般人基準によって合憲性を肯定しました。この裁判では，正面から明確性の原則が争われ，違憲とする3人の裁判官の反対意見が付されたことから，大いに注目を集めました。

　問題の条例は，「何人も青少年に対し，淫行又はわいせつの行為をしてはならない。」とし，違反者には2年以下の懲役または10万円以下の罰金を科すというものでした。この規定について，弁護人から，「淫行」という漠然とした概念について，すべて一律に処罰するというのでは，処罰の範囲が不当に広範で不明確ではないかとの主張がなされました。これに対して最高裁大法廷は，1985年10月23日，「淫行」の概念を限定的に解釈したうえで，違憲の主張を退ける判決をしました。判決によると，「淫行」とは，「広く青少年に対する性行為一般をいうものと解すべきではなく，(a)青少年を誘惑し，威迫し，欺罔し又は困惑させる等その心身の未成熟に乗じた不当な手段により行う性交又は性交類似行為のほか，(b)青少年を単に自己の性的欲望を満足させるための対象として扱っているとしか認められないような性交又は性交類似行為をいう。」((a)(b)

は引用者が付けました）と解釈しました。そして，このような解釈は，先の1975年最高裁判決の示した「一般人基準」に沿うものであり，処罰の範囲が広範でも不明確でもないから憲法31条に違反しないと判断したのです。

しかし，「淫行」としか規定していない条文から，一般人は最高裁のような読み方ができるのでしょうか。伊藤正巳裁判官の反対意見は，この点を問題にします。順番は逆になりますが，上記(b)の性交又は性交類似行為については，刑法177条，178条の性犯罪規定とも整合しないし明確性の点で問題がある，と。(a)の限定解釈は，処罰の範囲を限定することにはなるが，「単に『淫行』とのみ規定する本条例10条1項の解釈として可能であるか」といって批判し，結論として次のように述べます。「『淫行』という文言は，正当に処罰の範囲とされるべきものを示すことができず，本条例10条1項の規定は，犯罪の構成要件の明確性の要請を充たすことができないものであつて，憲法31条に違反し無効というほかはない」との結論を導きます。

皆さんは，大法廷の意見（法廷意見）と，伊藤反対意見のどちらが正しいと考えるでしょうか。最高裁の「解釈」によって，はなはだしく不当な結論は避けることができそうです。しかし，結論が妥当ならどんな解釈をしてもいいわけではありません。裁判所の役割は，法律や条例の事後的審査ですが，合憲にするために「解釈」しすぎることは，司法府の役割を超えてしまう可能性もあります。今後，適切な立法を促すためにも，ときには思い切った違憲判断も必要なようにも思われます。

## (3) 刑罰内容が適正であること

最後に，刑罰法規の内容が適正であることについて検討します。これも，罪刑法定主義の派生原理のひとつ（派生原理⑥）です。罪刑の「法

定」から一歩進めて，刑罰内容が適正であること，すなわち，処罰に値する合理的根拠があり，犯罪と均衡のとれた刑罰でなければいけない，というのが刑罰内容の適正原則（適正処罰の原則）の要求するところです。最高裁も，一般論としてはこの理論を認めています。有名な猿払事件判決で最高裁は，1974年11月6日の大法廷判決で，「およそ刑罰は，国権の作用による最も峻厳な制裁であるから，特に基本的人権に関連する事項につき罰則を設けるには，慎重な考慮を必要とすることはいうまでもなく，刑罰規定が罪刑の均衡その他種々の観点からして著しく不合理なものであつて，とうてい許容し難いものであるときは，違憲の判断を受けなければならないのである。」と述べています。ただ，この事件で問題になったのは，国家公務員法102条1項の罰則規定（公務員の政治活動の禁止）の合憲性でしたが，「行政の中立的運営」という法益の重要性にかんがみて「立法機関の裁量の範囲を著しく逸脱しているものとは認められない」として，合憲性を認めました。この結論に対しては，今日でも批判があります。

　少し変わった例として，「あん摩師，はり師，きゅう師及び柔道整復師法」（現・あん摩マッサージ師，はり師，きゅう師等に関する法律）12条，14条が「医業類似行為」を処罰の対象としているのは，「かかる業務行為が人の健康に害を及ぼす虞があるから」であり，同法違反とされたHS式無熱高周波療法について原判決は，この点についてなんら判示していない違法があるとしました（最高裁1960年1月27日大法廷判決）。これも，刑罰内容が適正でなければいけないことを示したものといえます。

　こうして，今日の罪刑法定主義は，「法定」だけでなく刑罰内容の「適正」をも要求する原則へと進化を遂げているのです。

【学習課題】
1．犯罪と刑罰を必ず法律で定めなければいけないのは，どのような理由からですか。
2．罪刑法定主義が，法律があれば適法だといわれていたのに，刑罰内容が適正であることまで要求されるようになった背景には，どのような事情がありますか。
3．罰則を伴う条例の文言が，漠然としていて不明確か否かの判断について，一般人を標準とするのはなぜですか。それは正しいと思いますか。

## 参考文献

・芝原邦爾『刑法の社会的機能』（有斐閣，1973年）
・田宮裕「罪刑法定主義と罰則の明確性」同『刑事法の理論と現実』（岩波書店，2000年）所収
・三井誠「罪刑法定主義と『明確性の理論』」法学セミナー228号83頁

# 3 | 事実的因果関係と法律的因果関係

《目標＆ポイント》 犯罪行為と結果の間の因果関係について考察しましょう。犯罪の結果を行為者に帰責できるのはどのような場合か，どの範囲で帰責できるのかについて，具体的な事例を通じて検討します。また，手続の話になりますが，因果関係の立証の負担を軽減する立法例を紹介します。
《キーワード》 条件関係，相当因果関係説，第三者の行為の介在，結果回避可能性，法律上の推定

## 1．条件関係とは？

### (1) 犯罪構成要件と因果関係

　犯罪が成立するためには，結果の発生を必要とする犯罪があります。たとえば，過失致死罪（および業務上過失致死罪）という犯罪は，不注意によって人の死という結果を発生させることが必要です。ここで重要なのは，死の結果が，不注意によって生じたという因果関係がなければいけない，ということです。薬剤師が誤って，その患者が服用すると生命に関わる薬を患者に渡してしまったとしても，患者の死が，薬を飲む前に病院の階段から転げ落ちたためだったとすれば，業務上過失致死罪にはなりません。過失行為と結果の間に因果関係がないからです。

　このように，因果関係があるかないかは，犯罪の成否を左右する点で重要です。殺人のように未遂が処罰される犯罪であっても，死の結果と殺害行為の間に因果関係がなければ，殺人未遂にしかならないのです。

そのため，裁判でも因果関係の有無が争点になるのは稀ではありません。そして，ケースによっては，因果関係の立証が難しいため，被害が発生しても刑事責任を問うのが非常に困難になることがあります。1970年代，日本経済が高度成長期に大きな社会問題となった公害について，国が当初，企業の刑事責任を問うのに消極的だったのには，因果関係の立証の問題がありました。後で説明しますが，公害の因果関係を立証することが困難だったので，それを容易にするための立法（法律上の推定）がなされることになったのです。

　立証の問題は別にしても，結果犯（結果発生を必要とする犯罪）にとって，因果関係は犯罪成立要件のひとつですので，理論的に明確でなければなりません。そこで学説は，因果関係の有無を，次のように判断すべきだとします。第1に，犯罪行為と結果の間に条件関係が必要だと考えます。条件関係とは，行為と結果の間の事実的因果関係のことで，「あれなければ，これなし」の関係（条件公式）が必要だといいます。条件関係がないのに，結果を行為者に負わせることは，罪刑法定主義に反する不当なことです。これについて異論はありません。しかし，条件関係のある結果のすべてを行為者に帰責するのは，行為者にとって酷な場合があります。たとえば，人を殴って傷害を負わせたところ，その被害者が病院にタクシーで向かったとします。ところが，タクシーが病院付近でトラックと衝突したため，被害者が死亡した場合に，被害者を殴っただけの犯人に死亡の結果まで刑事責任を負わせるのは，いくら条件関係があるとはいえ，ゆきすぎです。そこで学説は，第2に，条件関係があることを前提に，条件関係がある場合でも，法的に一定の制約を課すべきだと考えました。第1段階が事実的因果関係の確認であるのに対して，第2段階の絞りを，法的因果関係といいます。その内容として，一般に当該因果関係に相当性があるかないかを問題にしますので，条件関係と

の対比で，相当因果関係と呼ばれています。先ほどの例でいうと，人を殴る行為（暴行）から交通事故死が生じるのは極めて異例なことですので，両者の間には相当因果関係がない，と判断されることになります。

　以上まとめると，刑法上，因果関係があるといえるためには，第1に，行為と結果の間に条件関係が必要であり，それが肯定された後，第2に，因果関係の相当性，すなわち相当因果関係があることが必要です。ただし，条件関係（条件公式），相当因果関係のそれぞれについて，解釈上難しい問題があり，学説上異論も有力に主張されています。

### （2）条件公式とその帰結

　そこでまず，第1の条件関係の有無について，注意すべき点を2つ述べます。1つ目は，「あれなければ，これなし」（行為なければ結果なし）の条件公式を適用するにあたっては，結果を具体的・個別的に把握しなければいけないということです。死期が間近に迫っている患者に，毒を飲ませて殺害したとします。毒を飲まさなくても近いうちに死亡が見込まれたとしても，投与した毒の作用によって，本来の死期より早く人が死亡したのですから，条件関係はあるのです。それでは，次の例はどうでしょう。死刑の執行がまさに行われようとしているとき，死刑囚に恨みをもつAが，執行吏を突き飛ばして自分で電気いすのボタンを押したとします。わざわざ突き飛ばさなくても，死刑囚は執行吏によって死亡させられるのだから，「あれなければ，これなし」の関係はなかったことになるのでしょうか。毒殺の例と違って，この場合は死期を早めたわけではありません。Aがボタンを押さなくても，執行吏が押すことになっていましたから，条件公式をそのままあてはめると，条件関係が否定されてしまいます。そこで学説は，条件公式をあてはめる際に，仮定的事情を付け加えてはいけないといって，条件関係が否定される事態を避

けようとします。死刑囚の例でいうと，Aが死刑執行の権限もないのに，ボタンを押したことによって死刑囚が死亡していることは事実であり，「かりにAがボタンを押さなくても執行吏が押した」という事情を考慮せずに判断せよというのです。それによって，条件関係が肯定されることになります。仮定的事情をなぜ付け加えてはいけないのか，十分説明されていないうらみはありますが，結論は妥当なもののように思われます。

　2つめは，いわゆる択一的競合といわれるケースの問題です。BとCが，それぞれ独立にDに対して殺意をもって致死量の毒薬を与えたところ，Dがこれを同時に服用して死亡し，しかも死亡原因がB，Cの毒が同時に作用したものであるとき，B，Cに殺人既遂の刑事責任を問うことができるでしょうか。このような択一的競合の事例に条件公式をあてはめると，B，Cのいずれの行為もD死亡と条件関係がないことになり，両名ともに殺人既遂の罪を免れることになります。この結論に対して，多くの学説は，条件公式を次のように修正して，条件関係を肯定します。すなわち，毒薬の事例のように，Bの行為とCの行為の双方を取り除いたら結果が発生しなかったであろう場合には，Bの行為，Cの行為ともに結果との間に条件関係がある，とするのです。しかし，条件公式をあてはめると都合が悪い場合が生じたので，その場合にだけ使える別の公式（？）をもってくるのは，ずいぶん恣意的なようにも思われます。そこである学説は，条件公式を毒薬の事例にそのまま適用して，毒薬の事例の場合，条件関係を否定します。結果，B，Cに殺意があれば，2人とも殺人未遂罪として処罰されることになります。しかし，ひるがえって考えてみると，上に述べた毒薬の事例というのは，かなり非現実的な事例です。まず，B，Cの間に共犯関係があれば，刑法60条で，2人とも結果について責任を負うため因果関係も肯定できます。B，Cが互い

に相手の行為を知らなかった場合についても，もし致死量の2倍の毒薬を与えたことで死期が早まったとしたら，結果を具体的・個別的に把握することによって，それぞれの行為につき結果との間の条件関係が肯定できそうです。死期は早まらなかったけれど，B，Cの毒薬のいずれが効いて死の結果を生じさせたのか不明であるときは，B，Cの各行為について因果関係の証明がなかったわけなので，「疑わしきは被告人の利益に」という証明原則によって，既遂の責任は問えないことになります（殺人未遂のみ）。残るのは，厳密な意味での択一的競合事例ということになりますが，そもそもこのような事態が生じていることの証明は，非常に困難だと思われます。その意味で，択一的競合に関する議論というのは，あまり実益のないもののようですが，かりに証明できたとして，条件公式の例外を設けてまで因果関係を肯定する必要があるのか，疑問がもたれるところです。

### (3) 結果回避不能の場合の解決

　第1段階の条件関係の確認は，事実的因果関係の確認にすぎないのですが，以上のとおり困難なケースも少なくありません。さらにやっかいなのが，これから説明する「結果回避不可能事例」の解決です。これは，過失犯（過失致死罪など）があって結果的に人の死傷という結果は生じたが，かりに過失がなくても別な事情で結果が回避できなかった場合には過失と人の死傷の結果の間に因果関係（条件関係）はないのではないか，という問題です。

　有名な京踏切事件では，まさにこの点が問題とされ，最終的に因果関係が否定されました。この事件は，列車の機関手が前方注視を怠り，踏切上にいた幼児に気づかず轢死させてしまったため業務上過失致死の罪で起訴されたもので，大審院（今の最高裁に相当）は，1929年4月11日

の判決で，被告人（機関手）が前方を注視して幼児を確認して警笛を鳴らしたとしても，幼児の死亡を避け得たとはいえないから，被告人の前方注視を怠ったことが幼児死亡の原因とはいえない，として無罪を言い渡しました。

　比較的新しい裁判例としては，2003年1月24日の最高裁判決があります。被告人はタクシー運転手で，深夜2人の乗客を乗せて，指定最高速度30キロの幅8.7メートルの道路を走っていました。運転手が，対面信号が黄色に点滅し見通しのきかない交差点に，自車（A車）を減速・徐行しないで時速30キロから40キロのスピードで進入したところに，左から時速70キロで進入してきた乗用車（B車）に衝突し，乗客のひとりは死亡，ひとりは負傷したため，このタクシー運転手は，業務上過失致死傷罪で起訴されました。弁護人は，減速・徐行義務を果たしたとしても，B車の暴走運転からみて衝突は防げなかったと主張しました。最高裁は，この主張を容れて，「（A車が）時速10ないし15キロメートルに減速して交差点に進入していたとしても，……B車との衝突を回避することができたものと断定することは困難」であるとして，タクシー運転手の過失を否定して，無罪としました。

　以上の2つの判例から分かることは，条件公式の適用にあたっては，当該過失行為がなかったとしても結果が避けられなかったと考えられるときは，過失結果犯の成立が否定されるということです。単純な「あれなければ，これなし」ではすまないケースがあるわけで，条件関係の確認もそう単純ではないのです。故意犯については，過失犯の議論とは別に論じなければならないこともあるのですが，ここでは省略します。

## 2. 相当因果関係の確認と問題点

### (1) 法的因果関係の審査

　第1段階の事実的因果関係が認められたら，次に，法的因果関係の有無を問題にします。ここで法的観点から，当該因果関係に相当性があるか否かというかたちで絞りをかけるのです。この見解を相当因果関係説といいます。この見解は，一般的にみて，実行行為から一定の結果が発生するのが相当である場合にかぎり，（法的）因果関係を認めるものです。この説はさらに，相当性判断の事情の基礎を行為者の主観に求めるのか（主観説），客観的事情に求めるのか（客観説），両方を考慮するのか（折衷説）によって見解が分かれます。

　相当因果関係説は，行為から結果にいたる過程に，相当ないし通常とはいえない，異常な経過をたどって結果が発生したら，因果関係を否定します。本章の冒頭にあげた「暴行・傷害→タクシーで病院搬送→タクシー事故で死亡」のケースを例にとると，人を殴って傷害を負わせた場合に，出血多量で死亡するのは経過の相当性が認められますが，病院に運ぶ途中の交通事故で死亡することは，もはや通常とはいえず，法的因果関係は否定されるのです。

　では，判例はどのような立場をとっているのでしょうか。この論点に関する判例は多数ありますが，その理論に関しては必ずしも一貫していないようにも見えます。ただ，少し古い判例の中に，明確に相当因果関係説にたった最高裁判例がひとつあります。これは，米兵ひき逃げ事件と呼ばれる事件で，事案は次のようなものです。横田基地所属の米兵Eは，F所有の自動車を運転中，前方不注視の過失により自転車で走行中のGに衝突させ，Gを車の屋根にはね上げてしまいます。しかし，Eは屋根に意識を失ったGが乗っていることに気づかないまま，車を走らせ

ます。事故現場から4キロほど離れた地点で，同乗していたFはGの存在に気づき，時速約10キロで走行中の自動車の屋根からGを逆さまに引きずりおろし，Gを道路上に転落させます。Gは，頭部打撲にもとづく脳くも膜下出血および脳実質内出血で死亡します。この事件で，Eは，業務上過失致死罪として起訴されますが，Eは，因果関係の存在を争って上告します。最高裁は，1967年10月24日，次のように述べて因果関係を否定しました。すなわち，「同乗者が進行中の自動車の屋根の上から被害者をさかさまに引きずり降ろし，アスファルト舗装道路上に転落させるというがごときは，経験上，普通，予想しえられるところではなく」，被告人Eの過失行為からGの死の結果が発生することが「われわれの経験則上当然予想しえられるところであるとは到底いえない」，と判示したのです。

　最高裁が，学説のいう相当性を「経験上」あるいは「われわれの経験則」と言い換えたと考えれば，この判例はまさしく相当因果関係説を採用したものといえます。具体的判断においても，同乗者が，（Eの知らない間に）屋根の上のGをさかさまに引きずり降ろすことは相当とはいえませんので，相当因果関係説からみて適切な判断がなされたといえるでしょう。

　ただ，最高裁が因果関係を否定する論理の中で，Gの死因となった頭部の傷が「被告人Eの自動車との衝突の際に生じたものか，同乗者Fが被害者Gを自動車の屋根から引きずり降ろし路上に転落させた際に生じたものか確定しがたい」と述べている点は，非常に重要です。このいずれかが確定できないため，証明の基本法則である「疑わしきは被告人の利益に」原則にしたがって，頭部致命傷がFの行為によるものとして検討しているからです。かりに，致命傷がEの過失行為（車と自転車の衝突）によるものだと証明されたとしたら，結論は変わったと思われます。

米兵ひき逃げ事件の最高裁決定から20年ほど後になって，最高裁は，第三者介在型のケース（以下の大阪南港事件）について，新たな判断枠組みを示すことになります。次にその論理と妥当性について，検討することにしましょう。

## （2）相当因果関係説の「危機」？

　大阪南港事件の事実関係は，おおよそ次のようなものです。被害者Hは，三重県所在の飯場において被告人Iによる多数回の殴打によって内因性脳内出血による意識消失状態にされ（第1暴行），その後Iによって大阪市内の南港所在の資材置き場に放置されました。翌朝，Hは死体で発見されますが，第1暴行とは別に，角材で頭頂部を数回殴打された痕跡が認められた（第2暴行），というのがこの事件のたどった過程です。裁判所の認定によると，第2暴行は，第1暴行による内因性脳出血を拡大させ幾分か死期を早める影響を与えたが，死亡結果に対して因果関係を有しないといいます。実は，第2暴行もIの行為ではないかと疑われたようですが，裁判所はこれを認めませんでした。そこで，Iの第1暴行が傷害致死罪になるか，つまり第1暴行と死の結果の因果関係が，第2暴行によって断絶されるかが争点となったのです。この事例で，事実的因果関係（条件関係）があることに問題はないと思われますので，問題は，法的因果関係の有無ということになります。これを相当因果関係説で考えると，重傷を負って放置された人間を，偶然通りかかった第三者が，救助するのではなく暴行を加えて死期を早めるというのは，経験上通常である（相当性がある）とはいえないのではないでしょうか。しかし，この事案は，病院搬送中のタクシー事故事例や米兵ひき逃げ事件と違って，第1暴行によって致命傷ともいえる傷害を負い，第2暴行は死期を早めたとはいえ致命傷といえるほどのものではなかったので

す。このような事実関係のもとで因果関係を否定していいのか，という疑問が生じてきます。地裁，高裁は，ともに結果との因果関係を肯定してⅠに傷害致死罪を認め，最高裁も，1990年11月20日の決定で，この結論を追認しました。最高裁決定の判示は，「犯人の暴行により被害者の死因となった傷害が形成された場合には，仮にその後第三者により加えられた暴行によって死期が早められたとしても，犯人の暴行と被害者の死亡との間の因果関係を肯定することができ，本件において傷害致死罪の成立を認めた原判断は，正当である」というものです。

　この決定を担当した最高裁調査官は，「介入行為の異常性の有無を強調する相当因果関係説は，条件関係の認定，相当性の判断の双方において……実務における思考方法とマッチしない」といって批判しました。たしかに，相当因果関係説によると，犯罪の実行行為と結果までの経過を「相当性」の有無によって判断していくので，結果への行為の寄与度，行為の危険性といった要素が考慮に入ってきません。そのため，適切・妥当な結論を導くことが難しいところがありました。大阪南港事件の最高裁決定の後，刑法研究者の間で，相当因果関係説の「危機」が叫ばれたのは，この説の弱点が自覚されはじめたからなのです。この「危機」の後，学説は相当因果関係説に修正を加え，具体的に妥当な結論を導こうとします。大阪南港事件を例にしていうと，従来の相当因果関係説では，第2暴行が異常な事態であり，それによって被害者の死期が早まったことに着目すれば因果の経過は相当性を欠くことになりますが，第1暴行がすでに致命傷ともいえるものであり，そのために最終的に死亡したというのですから，この点では相当性が認められる，と考えるのです。犯罪行為の危険性，これを結果発生の危険性と言い換えてもいいと思いますが，これが現実化したのが結果だとすれば，相当因果関係が認められると考えてもいいのではないか。この点につき，最近では「寄与度」

という言葉で説明されることも少なくありません。たとえば，第2暴行による死の結果に対する寄与度は，第1暴行の寄与度に比べて非常に小さい，というふうに使うのです。第2暴行という介在事情の寄与度が小さければ，第1暴行と結果との間に因果関係の相当性はある，と考えるのです。このような修正によって，「危機」は脱出できたのでしょうか。皆さんはどう考えますか。

### （3）被害者と因果関係

　ここまでは，第三者の介在・関与と相当因果関係について考察してきましたが，ここで被害者じしんが結果の発生に関わる場合について検討してみましょう。

　人に，比較的軽い程度の暴行を加え出血させたところ，その被害者がたまたま血友病患者だったため死亡したとします。この場合，加害者の暴行と死の結果の間に因果関係があるといえるでしょうか。条件関係はとくに問題なく認められるでしょう。では，法的因果関係はどうでしょうか。被害者が血友病患者かどうかは，外観からは分かりません。ここで法的因果関係の相当性を判断するときに，判断材料の中に行為者が知らなかった事情を入れていいかどうかという問題が生じます。行為者が被害者の血友病を知っているなら，因果関係の相当性は容易に認められましょう。場合によっては，傷害致死ではなく，殺人罪になる可能性すらあります。では，知らなかったときはどうなるでしょう。この場合も，判断材料（判断基底）に客観的なすべての事実を入れて考えるとすると，知っていた場合と同様の結論になります。しかし，このように，行為者が知らなかった事情まで判断材料にして刑事責任を問うことは，刑法の行為規範としての役割を超えることにはならないか。かりに行為者が不知の事情を考慮して判断すると，被害者がたまたま血友病であるため軽

度の暴行で死亡するというのは予測できないことであり，相当性を欠くという結論になりそうです。ただし，最高裁は，1950年3月31日の判決で，以上のような事案（ただし，血友病ではなく脳梅毒）について，結論として軽い傷害と死の結果との因果関係を認め，行為者に傷害致死罪が成立すると判示しています。最高裁が，行為者の不知の事実を除外した相当因果関係説にたっていないことはたしかなようです。

　被害者側の事情が問題になる他の類型として，犯行後に被害者じしんの行為が介在して結果が生じる場合があります。裁判例にもこの類型にあたるものがいくつかありますが，ここでは，被害者が犯人の暴行を逃れるため高速道路に逃げ込んで轢死したケースを取りあげます。被害者は，数名から2度にわたって激しい暴行を受け，第2暴行現場から逃走して，付近の高速道路入り口から侵入し，自動車に轢かれて死亡しました。死亡の現場から第2暴行現場までは800メートル離れており，時間的には第2暴行から約10分後の事故だったといいます。第1審の地方裁判所は，被害者が逃走する先として選択肢が多々ある中で，高速道路に進入するというのは通常の予想を超えているとして，因果関係を否定しました。これに対して最高裁は，2003年7月16日，次のような理由を述べて傷害致死罪になるとしました。すなわち，「被害者は，被告人らから長時間激しくかつ執ような暴行を受け，被告人らに対し極度の恐怖感を抱き，必死に逃走を図る過程で，とっさにそのような行動を選択したものと認められ，その行動が，被告人らの暴行から逃れる方法として，著しく不自然，不相当であったとはいえない。そうすると，被害者が高速道路に進入して死亡したのは，被告人らの暴行に起因するものと評価することができる」，と。

　最高裁は，暴行が被害者の心理状態に強い影響を与えたことを重視し，高速道路への進入という「とっさの行動」が著しく不自然，不相当とは

いえないとしました。この結論は，相当因果関係説からも十分支持できるものであり，納得できる理由付けといえるでしょう。

## 3. 因果関係と法律上の推定

### (1) 因果関係と訴訟上の証明

　最後に，因果関係の証明について論じておきましょう。本章の冒頭で，因果関係の立証が難しいために，公害について企業の刑事責任を問うことが困難であったことを述べました。この場合の刑事責任とは，業務上の過失によってもたらした（水俣病などの）公害の被害について，業務上過失致死傷罪の責任のことです。たとえば，ある企業が工場から有害な排煙や廃液を外部に流出させ，付近の住民に健康被害を与え死傷の結果を生じさせた場合，企業の責任者に刑事責任を問うためには有害物質の流出と健康被害との間に因果関係があることを証明しなければなりません。それが困難だからといって，現に被害がでているのに放置することは，正義に反することです。そこで立法者は，公害が社会問題として深刻化していた1970年，公害犯罪処罰法という法律をつくりました。この法律によって，会社の工場長など現場の責任者のほか，使用者である会社じしんも刑事責任を負うことになりました。因果関係については，この法律の５条に，日本の刑事法では大変珍しい推定規定がおかれました。少し長いのですが，以下に引用します。

　　第５条　工場又は事業場における事業活動に伴い，当該排出のみによつても公衆の生命又は身体に危険が生じうる程度に①人の健康を害する物質を排出した者がある場合において，その排出によりそのような②危険が生じうる地域内に同種の物質による公衆の生命又は身体の危険が生

じているときは，③その危険は，その者の排出した物質によつて生じたものと推定する。

　下線と丸数字は私が付したものですが，①「有害物質の排出」と②「同一地域内で同種有害物質による被害」が証明されたら，③「因果関係」が証明されたものと推定する，と読みます。これにより，立証責任のある検察官は，公害犯罪の刑事裁判で，証明の困難な③事実を立証する代わりに，相対的に証明が容易な①事実および②事実の立証をすれば，③因果関係を「推定」してもらえることになりました。この「推定」の意味ですが，刑事裁判には「疑わしきは被告人の利益に」原則がありますから，被告人は反証によってこの「推定」を破ることができなければなりません。学説は，この反証の程度を緩和して，一応の証拠を提出すればよいと解しています。ただ，せっかくの推定規定ですが，公害犯罪処罰法によって企業の公害が刑事訴追された事例はほとんどないようで，したがって，推定規定が活用された例もほとんど見あたりません。

### （2）疫学的因果関係と証明

　日本で公害裁判というと，四大公害訴訟をはじめ，その多くは民事裁判でした。そこで用いられた因果関係の証明方法に，疫学的因果関係・疫学的証明があります。これは，①原因とされる因子発病の一定期間前に作用すること，②その因子の作用が高まれば発病の罹患率も高まること，③その因子の分布消長の観点から疫学的に観察された流行の特性が矛盾なく説明されること，④その因子の作用メカニズムが生物学的に矛盾なく説明可能であること，の4つの条件がそろえば，疫学的因果関係が証明されたとするものです。この証明方法は民事裁判における証明の話ですが，これを刑事裁判にも応用できないでしょうか。実はすでに，

さつまあげ事件（1977年2月10日，仙台高裁判決）や千葉大チフス事件（1982年5月25日，最高裁決定）などの刑事事件で用いられています。疫学的証明も「法律上の推定」規定による推定も，証拠法という観点からみると，因果関係という犯罪要素をいくつかの間接事実によって証明するもので，当然，被告人からの反証は許されます。

このように，因果関係は，実体刑法の重要論点ですが，裁判における証明の問題としても，重要で難しい問題なのです。

### 【学習課題】

1. 犯罪の成立に，因果関係はつねに必要ですか。どのような犯罪が因果関係を必要としていますか。
2. 因果関係が否定された場合，行為者は必ず無罪になりますか。無罪にならない場合は，どのような犯罪が成立しますか。
3. 結果の回避が不可能な場合に，条件関係が否定されるのはなぜですか。
4. 相当因果関係説が「危機」をむかえたのは，なぜですか。相当因果関係説では説明がつかないような事例がありますか。

### 参考文献

・佐伯仁志「因果関係論」山口厚ほか『理論刑法学の最前線』（岩波書店，2001年）7頁
・井田良「因果関係の理論」現代刑事法4号65頁
・鈴木左斗志「因果関係の相当性について」刑法雑誌234頁

# 4 | 正当防衛の限界

**《目標&ポイント》** 正当防衛は，一般にもよく知られた違法性阻却事由ですが，具体的事例に即してその成立の限界について，検討します。また，応用問題として，相手を挑発して正当防衛状況をつくって反撃した場合に正当防衛が成立しうるのか，という問題についても考えてみましょう。
**《キーワード》** 違法性阻却事由，急迫性，過剰防衛，挑発防衛

## 1. 違法性が阻却される事由

### (1) 犯罪論における違法論の意義

　法律に違反すれば，広い意味で違法になりますが，本章で扱うのは，犯罪が成立するための要件としての「違法性」です。つまり，刑法上違法か否かの問題がここでの検討の対象になります。違法とは，文字通り「法」に違反することですから，法律ごとに違法があるのです。日本の法令の最上位規範は憲法ですが，憲法に違反したときだけは，とくに違憲（憲法違反）といいます。ある法律が違憲なときは，その法律も，その法律にもとづいた法律行為も無効になります。憲法を除くと，違法は法律ごとに相対的に決まりますので，たとえば民法上違法であっても，刑法上は適法になることも不思議ではないのです。実際にも，不注意で事故を起こして刑事責任を問われて無罪になった場合でも，被害者が改めて民事の損害賠償裁判を起こして勝訴することは，ときどきあります。これは違法の中身や基準が違うためで，法律上はとくに問題はないので

す。また，第2章で例にあげた夫婦間の不貞行為は，民法上は不法行為となり違法ですが，現行刑法には姦通罪はありませんので，刑法上は適法ということになります。罪刑法定主義の話と重なるように思われるかもしれませんが，それはこういうことです。刑法の違法は，何らかの人の行為があったときに，直ちに違法か否かを論じるのではなく，まずその行為が構成要件のどれかにあたるかどうかを検討します。そのうえで，構成要件にあたる場合にだけ，次の段階として行為の違法性を論じることになります。今回は取りあげませんが，違法性が認められたら，犯罪成立の最後の要件として，有責性について確認します。14歳に満たない子どもや重度の精神障害者などは刑事責任がありませんから，その人の行為が構成要件にあたり，違法であっても，犯罪にはならないのです。違法と責任の区別は，本章のテーマである正当防衛についても，後で説明するように重要な意味をもちます。

　ところで，犯罪構成要件とは，刑法典の条文に書かれている個々の犯罪類型のことですが，これらは人が社会や集団の中で行う行為のうち，とくに非難されるべき（違法と思われる）行為を取りあげて法律にしたものです。だとすると，人の行為が構成要件にあたる場合というのは，基本的に違法といって良いのです。これを，構成要件の違法性推定機能と呼ぶことがあります。

### （2）違法性の本質論：行為無価値と結果無価値

　違法の実質ないし本質をどう考えるのかについて，2つの考え方があります。第1の見解は，違法の本質を刑法が提示する行為規範に反することだと考えます（行為無価値説）。犯罪が成立するには規範に違反する場合でなければなりませんから，行為無価値的な理解が間違いというわけではありません（無価値とは違法と同じ意味です）。ただ，たとえば，

殺人罪などについて規範に違反する行為（殺害行為）をしたが結果が発生しなかった場合，行為無価値説を徹底すると，未遂なのに既遂犯と同じように処罰すべきだということになります。そこで，正しく違法性の有無と程度を判断するために，結果を考慮する見解（結果無価値説）を付け加えて判断することになります。規範に違反するという側面と，（結果を構成要件要素とする犯罪については）結果を生じさせるという側面のいずれも重要ですから，どちらかの説に割り切ることはできません。とくに，行為が構成要件にあてはまるか否かを問題にする場面では，立法者がすでに両方の側面を考慮しながら処罰すべき類型を定めているので，両説の違いはでてきません。ただ，行為が違法か否かを考える際には，結果無価値論者からは，行為無価値説にたつと処罰を拡げる傾向にあるといい，行為無価値論者からは，その逆のことがいわれています。

　両説の相違は，実はそれほど大きなものではないと思われるのですが，本章で扱う正当防衛については，若干の違いが見られます。正当防衛が成立するための要件は，後に説明するように刑法36条に書かれていますが，それ以外に「防衛の意思」を必要とするか否かで，両説の違いがあらわれるのです。行為無価値説によれば，自分の反撃行為が正当防衛にあたることを認識していなければならず，そうでなければ違法性阻却（違法の否定）を認めることはできない，といいます。しかし，ある人を射殺したところ，射殺犯は気がつかなかったが，被害者がまさに自分を射殺しようとしていたことが判明したとします。この場合，客観的には正当防衛が行われたことになります。結果無価値説では，法に書かれていない防衛の意思は不要であり，この場合にも正当防衛が認められるとして無罪になるとします。このようなケースを偶然防衛と呼びますが，こういう特殊な場合を除けば，具体的な事案の解決にはあまり影響しないようにも思われます。繰り返しますが，行為無価値も結果無価値も，

違法性を考える際には考慮すべき重要な側面だということです。

## （3） 違法性阻却事由

　ある行為が構成要件にあたると違法が推定されます。したがって、違法か否かの判断は、違法でなくなる特別の事由（これを違法性阻却事由といいます）の存在を確かめるというかたちで行われます。刑法典には、次の4つの場合に違法性がなくなる（違法性阻却事由がある）と定めています。その4つとは、①法令行為、②正当業務行為、③正当防衛、④緊急避難で、刑法に規定されています（刑法典35条～37条）。本章では③正当防衛を詳しく扱いますが、ここで、それ以外の違法性阻却事由①、②、④について簡単に説明しておきます。

　第1に、法令行為、たとえば、刑務所の看守が、職務として死刑を執行する行為は、形式的には殺人罪にあたるように見えますが、法令にもとづく行為ですので、違法とはされません（刑法典35条）。ほかの例として、人をむりやり拘束したら、逮捕・監禁罪（同220条）になりますが、警察官が逮捕令状にもとづいて拘束するなら、法令行為として許されることになります。

　第2に、正当業務行為です。これも刑法典35条に規定されています。たとえば、プロの格闘家が試合で相手に傷害を負わせたとしても、それを犯罪だとして問題にする人はいません。盛り場のけんかと一緒にはできないでしょう。彼らは、社会的に許されている業務として、言い換えれば、観客を楽しませるために仕事で闘っているわけで、形式的には傷害罪にみえても、違法性が阻却されると扱われるのです。もちろん、格闘技の試合の機会を利用して、個人的な恨みを晴らすために相手をことさらに激しく攻撃して死なせたら、正当業務行為とはいえません。ただし、裁判での証明は難しいでしょう。

第3に，正当防衛があります（刑法典36条）。これについては，これから詳しく述べますが，誰かが不当な攻撃をしかけてきたとき，その相手に反撃してけがを負わせても，正当防衛として許されるのです。

第4に，緊急避難があります（刑法典37条）。他人が攻撃してきた場合ではなくても，たとえば，災害から避難するため建物の窓ガラスを壊して外に避難しても，窓ガラスを壊した刑事責任を問われることはありません。緊急な事態におけるやむを得ない行為として違法性が阻却されるからです。

以上，4つの場合は，いずれも条文に規定がありますが，条文があるから違法でないというより，違法性を否定するだけの正当な理由あるいは根拠があるから，特別に違法性が否定されると考えるべきでしょう。なお，裁判で違法性が阻却されたときは，無罪判決が言い渡されます。

それでは，以上4つの違法阻却事由のうち，実際の裁判で最もよく登場する「正当防衛」について，お話しすることにします。

## 2．正当防衛とは何か？

### （1）正当防衛の意義

最初に，刑法典が，正当防衛について，どのように規定しているかをみておきます。刑法典36条1項は，「急迫不正の侵害に対して，自己又は他人の権利を防衛するため，やむを得ずにした行為は，罰しない」と規定しています。現行刑法の条文は，このようになっていますが，正当防衛じたいの歴史は，実は大変古いのです。大づかみにいうと，国家や社会の仕組みが整備されておらず，自分や家族の安全は，自分で守らなければならない時代には，正当防衛は比較的ゆるやかに認められていたようです。しかし，警察機構，司法制度が近代的なものとなり，社会秩

序もだんだんと落ち着いてくると，正当防衛や，自救行為といって盗られた物を自分で取り返すような行為は，次第に制約されてきました。現在，刑法典に正当防衛が規定されていますが，その要件は比較的厳しいものです。反撃のつもりで行った行為に正当防衛が認められず，有罪とされる事件も，まれではありません。では，その要件を順にみていくことにしましょう。

## （2）第1の要件：「急迫」

　最初は，相手方の攻撃が「急迫」なものであることです。

　「急迫」とは，相手方の攻撃による危険が間近に迫っていることをいいます。学者によっては，これを「侵害の現在性」と表現しています。つまり，侵害がいったん終わり，過去のものになったら，反撃してはいけないし，逆に，相手からの攻撃を予想して，その攻撃がある前に，先手を打って攻撃しても，それは「反撃」とはいえず，正当防衛も成立しません。正当防衛になりそうだと予見し，この機会を利用して積極的に加害行為をする意思で侵害にのぞんだときは，「急迫」性があったとはいえない，というのが裁判所の考えです。しかし，学説は，急迫というのは，攻撃の危険が迫っているかどうかという客観的なものであり，その判断に防衛しようとする者の主観にすぎない「積極的加害意思」を考慮するのはおかしい，といって批判しています。学説も，そのような防衛者を無罪にしようと主張しているわけではなく，裁判所の考えでいくと，過剰防衛にもならず，防衛者に厳しい結果になることから批判しているのです。この問題は，いわゆる挑発防衛・自招侵害の問題として独立の論点として論じられていますので，後に改めて検討することにしましょう。

## (3) 第2の要件：「不正」

次は「不正」であること、が要件になります。ここでいう「不正」とは、違法という意味です。ここから導かれる重要なポイントが2つあります。ひとつは、他人の違法な攻撃があれば、その他人に責任能力がない場合でも、正当防衛が成り立つということです。とっさの攻撃を受け、それが違法な攻撃であれば、最終的に相手が責任能力のない状態（重い精神障害者や刑事未成年）であるかどうかを見抜くことは困難だと思われますが、刑法は相手方の有責性は問題にしていないのです。次のポイントとして、相手方のしかけてきた攻撃が「不正」（違法）でない場合は、正当防衛は成立しません。しかし、「不正」でない攻撃などあるのでしょうか。ひとつ考えられるのは、相手の攻撃が、「正当防衛」としてなされた場合です。ちょっと分かりづらいかもしれませんが、AとBがけんかで、攻撃と防御をお互いにやり合っていると仮定してみましょう。もしこの「不正」という要件がなかったら、Aの攻撃に対してBが正当防衛行為として反撃をした、このBの反撃行為に対して、今度はAが正当防衛行為として反撃した、さらにBが、Aの反撃に対して、正当防衛行為としてまた反撃をする……。2人とも正しいことをしていることになってしまいます。そうならないため、正当防衛といえるためには、相手方の攻撃が不正であること、つまり正当防衛にもとづく攻撃ではないことが必要なのです。

## (4) 第3の要件：「利益」

3つめの要件は、正当防衛によって守られるべき「利益」の存在です。条文をみると、これは自分の利益だけでなく、他人の利益を守るための正当防衛も認められています。裁判例に、他人の利益を守るために正当防衛をするつもりで、間違って人を死なせた被告人に誤想過剰防衛を認

めたものがあります。これは，1987年3月26日の最高裁決定なのですが，日本語を話せないイギリス人が，泥酔した女性を介抱している男性をみて，男性が女性に暴行を加えていると誤解し，その男性に攻撃を加えたという事件です。そのイギリス人は，空手の有段者でした。彼は，女性のそばにいた男性が，防御のため自分の手を握って胸の前あたりで構えたのをみて，空手技である回し蹴りで道路に転倒させ，頭蓋骨骨折を負わせ死亡させてしまいました。酔っぱらった女性が，このイギリス人に対して「ヘルプミー」と叫んだこともあり，イギリス人は，この女性を助けるため，本人の主観としては「正当防衛」をしたのです。以上の事情は，後に裁判で明らかになったものですが，結局のところ，この事件では守られるべき「利益」はなかったのです。正当防衛の状況にはないのに，あると誤解して「防衛行為」をすることを，刑法の条文にはないのですが，誤想防衛といいます。誤想防衛の場合，犯罪事実ではなく，違法性阻却事由の存在を誤解しているわけで，これを無罪にしていいかについては争いがあります。古い裁判例や多くの学説は，罪を犯そうという故意がないとして無罪だと考えます。ところが，この事件のイギリス人は，誤想しただけでなく，誤想を前提とした反撃行為が過剰だとされました。被害にあった日本人男性とこのイギリス人とでは，身長差20センチメートル，体重差が約20キロあったのです。誤想防衛だけなら許されても，それが過剰な場合（過剰防衛）については，一般の過剰防衛（刑法典36条2項）の例にならって，傷害致死罪の成立を認めたうえで，反撃行為が過剰であるとして，刑罰が減軽されるという解決となりました。

　やや複雑な事案でしたが，具体的解決としては，適切なものだと思われます。

### （5）第4の要件：「防衛行為」

　4つめの要件は，攻撃に対する「防衛行為」です。この防衛行為は，必要かつ相当なものでなければなりません。まず，必要性ですが，他に攻撃を回避する手段がまったくないことまでは要求されていません。この点は，緊急避難とは違います。正当防衛の相手は，不正な攻撃を仕掛けてくる者ですから，その点で攻撃者をさほど保護しなくてもいいと考えられるからです。ただし，だからといって，攻撃者が武器をもたず，口で「けがをさせるぞ」などと言って脅してくるのに対して，ピストルで相手に威嚇射撃をするのは，必要性がないため，「防衛行為」として許されないことになります。

　また，この防衛行為は，相当性を有するものでなくてはいけません。防衛行為が相当でなければならないのは，当然のことにも思えますが，具体的なケースで，相当といえるかどうかの判断は，容易ではありません。裁判例からひとつ，例をあげましょう。

　最高裁1989年11月13日判決の事案です。被告人は，軽トラックの運転手ですが，トラックの駐車のしかたが悪くてダンプカーの駐車を妨害してしまい，ダンプの運転手と言い争いになります。被告人は，防衛のため，軽トラックのダッシュボードに置いてあった刃体の長さ17センチの菜切り包丁を取りだして腰に構えます。これが，暴力行為等処罰法の，凶器を携帯して脅迫する罪にあたるとして，被告人は起訴されました。最高裁は，ダンプの運転手が素手であったとしても，この男が「年齢も若く体力にも優れ」ており，「『お前，殴られたいのか』と言って拳を前に突きだし，足を蹴り上げる動作を示しながら近づかれ，さらに後ずさりするのを追いかけられて目前に迫られたため，その接近を防ぎ，危害を免れるため，やむなく菜切り包丁を手に取った」と認定して，包丁を構えた行為が，防衛手段としての相当性の範囲を超えたものということ

はできない」，としました。古い判例では，武器をもっていない素手の相手に対し，刃物などで反撃しようとするのは「相当性」がないとされていましたが，この最高裁判例によって，正当防衛の成否をより実質的に検討して結論をだすようになりました。その意味で，この判例は評価されています。

なお，防衛行為の相当性を超えて他人に害を加えたときは，先のイギリス人の事件でみたように，過剰防衛となり，違法性はあるので無罪にはなりませんが，刑が減軽されることがあります。

### (6) 第5の要件：「防衛の意思」

5つめの要件として，正当防衛が認められるためには，防衛者に「防衛の意思」が必要だと考えられます。上に説明しましたように，結果無価値説にたつ学説は，このような意思は不要だと主張します。結果無価値説の立場からは，行為者の主観を重視すべきではないから，防衛の意思は不要だという結論になるのです。

いずれにしても，防衛の意思があるかないかは心の中の話であり，証明することは困難です。防衛の意思のほかに，それと併存して攻撃の意思がある場合に正当防衛を認めてよいか，という問題があります。とくに，防衛者が，相手方の攻撃を挑発して惹き起こしたような場合についていろいろ論じられています。次に，正当防衛の応用問題として，この「挑発防衛」の問題についてお話しします。

## 3. 挑発行為と正当防衛

### (1) 何が問題か？

「挑発防衛」（ないし自招侵害）とは，どのような場合をいうのか，最

初にはっきりさせておきましょう。挑発防衛とは，挑発等により，みずから正当防衛状況をつくりだし，防衛行為を行って法益侵害を生じさせた者の罪責をどう考えるのか，具体的には正当防衛を認めていいか，という問題です。この問題について，今の刑法典には明文の規定はありませんが，明治のはじめにつくられ旧刑法314条但し書きには，正当防衛の例外として，「但し，不正の行為により自ら暴行を招きたる者はこの限りに在らず」としていました。明文ではっきり，挑発防衛は正当防衛にならない，としていたのです。現行刑法典になって，このような規定はなくなりました。刑法学者は，旧刑法と同じように，挑発して，あるいはみずから招いた相手方からの攻撃に対する防衛行為をした者に「正当防衛」，即無罪，の利益を与えることに否定的です。この結論じたい，異論はないと思われます。ただ，理論的にこれをどう説明するかについて，旧刑法のような明文がないため，何らかの理論的説明が必要になります。そこで，学説は様々な説明をしますが，どの説も決定打とはいかなようです。

　数多の学説を大きく2つに分けると，正当防衛の要件（上で説明しました）のどれかを欠くとして正当防衛を否定する学説群と，正当防衛の個々の要件は充たすことを認めたうえで，別な理由で正当防衛を否定する学説群に分かれます。ただ，注意しなければいけないのは，最初の挑発ないし自招行為が意図的な場合については，とくに異論がないのですが，故意的挑発（相手方の攻撃の予期はあったが意図まではなかったとき）や過失的挑発（予期は可能だったが予期しなかったとき）の場合については，正当防衛を否定しない見解も少なくありません。以下では，問題を複雑にしないため，意図的な挑発があった場合に限定したうえで，検討していくことにしましょう。

## （2）正当防衛の要件を否定する理論

　最初は，「急迫」性（第1の要件）を否定する学説です。たしかに，みずから挑発しているわけですので，相手からの攻撃は予期しており，予想外ではなかったという意味では急迫ではないといえるかもしれません。ただ，「急迫」か否かは客観的なものであり，予期があったらおよそ正当防衛が成立しないと決めつけるのは間違いだと思われます。そうでないと，痴漢撃退用の催涙スプレーなど対策グッズを持って電車内に乗り込む女性は，痴漢にあうことを予期していますが，だから痴漢にスプレーなどで反撃できないことにはならないと思われるからです。

　「不正」要件（第2の要件）を欠くという学説は，次のように考えます。挑発防衛の場合，相手方から急迫不正の侵害を受けているが，さらに遡れば，もともとその侵害は行為者が意図的に起こしたものであり，端的に表現すれば，正当防衛一般の場合の「正」対「不正」ではなく，「不正」対「不正」の関係にある，と。それゆえ，このような場合は，正当防衛成立の要件のうち，「不正」要件を欠く，というのです。この見解に対しては，「不正」対「不正」というのは，結論の先取りであって論証として十分ではないのではないか，という疑問が提示されています。

　「防衛行為」（第4の要件）にあたらないのではないか，という見解もあります。この説は，最初の挑発行為と相手方の反撃に対する「防衛」行為の間に因果的関連性が強く，一体とみられる場合，全体として「防衛行為」となるとしたうえで，このような行為は防衛のためにする行為とはいえない，と考えます。理論的に十分成り立ちうる考え方ですが，一体としてみることができない場合についての解決にはならない憾みがあります。

　「防衛の意思」（第5の要件）を欠くのではないかと主張する説もあります。この説については，防衛の意思を要件とすることへの批判が強い

こと，かりに要件だとしても，挑発して「正当防衛」を利用しようという意思と「防衛の意思」は併存し得ないわけではないところから，最近はあまり支持されていないようです。

### （3）正当防衛の要件以外の理論による否定論

そこで次に，正当防衛の要件のいずれかを否定するのではなく，要件からはなれて，一般的な理由付けにより挑発防衛事例を解決しようという学説を見ることにしましょう。

1つめは，正当防衛権の濫用，つまり一種の権利の濫用だから，挑発者に正当防衛を認めないとする見解です。この説にたつ論者は，次のようにいいます。正当防衛が違法性を阻却するのは，攻撃を受けた者の保護と法の確証にあるところ，挑発防衛のときは法確証（つまり，法秩序の確認）の利益がなく，正当防衛権の濫用である，というのです。権利濫用という一般論での説明は，それなりの説得力はもちますが，正当防衛の成立を否定する理由としては弱いようにも思われます。

2つめは，「原因において違法な行為」という理論です。これは，①防衛者の挑発行為，②侵害者の法益侵害行為，③防衛行為のうち，③の防衛行為は，②の法益侵害行為との関係では正当防衛として違法性を阻却されるかもしれないが，①挑発行為との関係では違法であるとして，防衛者に発生した法益侵害行為の責任を問うことができる，というものです。しかし，自己の「正当防衛」行為を道具として使うという構成に無理があるのではないか，③が正当防衛として適法だと認めながら，①との関係で違法とするのは矛盾ではないか，といった批判を受けました。

以上の見解はいずれも，刑法36条の正当防衛の要件を充たしているのに，この条文から離れたところで正当防衛否定の論理（つまり犯人に不利な方向の理論）を展開するところから，罪刑法定主義に反するのでは

ないかという根強い批判もあります。

### （4）最高裁判例

　では，この問題について，裁判所はどういっているのでしょうか。最高裁判例に，挑発防衛について，興味深い判断を示したものがあります。2008年5月20日の最高裁決定がその判例なのですが，事案は次のようなものです。被告人が，Ａを手拳（げんこつ）で1回殴って逃げたため，Ａが被告人を自転車で追いかけて追いつき，自転車に乗ったまま水平に伸ばした右腕で，後方から被告人の背中の上部または首付近を強く殴りました。このため，被告人は前方に倒れましたが，起き上がり，護身用に携帯していた特殊警棒を取りだし，Ａの顔面や左手を数回殴打して，Ａに加療3週間を要する顔面挫創，左手小指中節骨骨折の傷害を負わせた，というものです。

　最高裁は，結論として，被告人の正当防衛の主張を認めませんでした。その理由は次のようなものです。「Ａの攻撃は，被告人の暴行に触発された，その直後における近接した場所での一連，一体の事態ということができ，被告人の不正の行為により自ら侵害を招いたものといえるから，Ａの攻撃が被告人の暴行の程度を大きく超えるものではないなどの本件の事実関係のもとにおいては，被告人の本件傷害行為は，被告人において何らかの反撃行為に出ることが正当とされる状況における行為とはいえないというべきである」。

　最高裁のこの理由付けは，①被告人の挑発行為，②Ａの侵害行為，③被告人の防衛行為を「一連，一体」のものとみることで，被告人の正当防衛の主張を許さないというもので，先ほど紹介した学説のいずれとも違った，オリジナルなもののようにも見えます。挑発者に正当防衛の利益，すなわち違法性阻却による無罪を認めないという結論については，

とくに異論はないものの，これを理論的にどう説明するのがいいか，大変悩ましいところです。このあたりの理論的な難しさが，刑法学の魅力なのかもしれません。

## 【学習課題】

1. 刑法における違法の本質について，どのような考え方がありますか。それによって具体的に何が異なりますか。
2. 裁判で，正当防衛などの違法性阻却事由が認められたとき，被告人はどのような裁判を受けますか。
3. みずから第三者に攻撃をしかけ，その人の反撃を待って「正当防衛」をすることができますか。このような問題を解決するために，どのような見解が主張されていますか。

## 参考文献

・山口厚「正当防衛論の新展開」法曹時報61巻2号297頁
・照沼亮介「正当防衛と自招侵害」刑事法ジャーナル16号13頁
・高山佳奈子「『不正』対『不正』状況の解決」研修740号3頁

# 5 | 故意と錯誤

《目標＆ポイント》 犯罪が成立するために必要とされる故意について，その内容に何を盛り込むかで争いがあります。また，故意と現実の結果が食い違う場合の扱いをどうするか，という難しい問題もあります。故意とは何か，が本章のテーマです。
《キーワード》 未必の故意，方法の錯誤，客体の錯誤，故意の立証方法

## 1．故意と未必の故意の話

### (1) 故意が犯罪要素とされる意味

　犯罪が成立するか否かという問題において，行為者の主観的要素，つまりその心理状態は重要です。犯罪行為じたいは，「人を殺す」「放火する」という客観的なものですが，客観的にそのような行動をとったとしても，犯罪の主観的要素である「故意」「過失」がなければ犯罪は成立せず，無罪になります。これを刑法は，38条で，次のように表現しています。「罪を犯す意思がない行為は，罰しない。ただし，法律に特別の規定がある場合は，この限りではない。」，と。この条文から読み取れるのは，①犯罪は「罪を犯す意思」，すなわち故意がなければ処罰されないこと，②注意義務に違反する心理状態である過失を処罰するには，個別に処罰規定が必要なこと，③刑事罰を科すのは，故意犯処罰が原則で，過失などそれ以外の処罰は例外であること，の３つです。空港の手荷物検査で禁止薬物が発見されたため，帰国した旅行客が起訴され，しかし

後になって無罪になる事件があります。本人のスーツケースから禁止薬物が発見されたのはたしかなのになぜ無罪になるのか，不思議に思う人もいるかもしれません。これは，本人が薬物の存在を知らなかった，すなわち故意が認められなかったからなのです。この種のケースについては，手続的観点から，本章の最後で扱うことにします。

　故意または過失がなければ処罰されない原則を，責任主義といいます。故意も過失もない場合，行為者に犯罪結果を帰責するのは不合理なので，犯罪の成立が否定されるのです。「法は不可能を強いるものではない」という法格言がありますが，この場合もまさにこれにあたります。自動車や電車を運転して人を轢いたら，必ず刑事責任を問われるわけではないのです。どんなに注視を尽くしても，たとえば被害者がみずから路上や線路上に飛び出してきたら，衝突は避けられないでしょう。このような，不可抗力ともいえるような場合，運転者に（故意はもちろん）過失も認められませんので，刑事責任を問うことはできないのです。たぶん，そのような場合であれば，検察官は捜査を遂げたうえで起訴を見送るでしょうから，裁判は行われず，したがって無罪判決までたどりつかないと思われます。

　過失には，不注意の程度が大きい場合について「重過失」が問題になることがありますが（刑法205条の業務上過失致死罪など），日本の刑法は故意については程度を問題にしていません。外国の刑法をみると，同じ殺人でも，事前の計画にもとづく「謀殺」と，それ以外の「故殺」を区別して前者の法定刑を重く罰するものがあります。しかし，日本の刑法では，実際の量刑で計画的な殺人が偶発的殺人より重くなることはあっても，刑法上はそのような区別はありません。なお，過失犯については条文に「過失により」と明記されていますが，故意犯についてはとくに「故意により」とは書かれていません。条文の文言の解釈として，「人

を殺す」「放火して」とあり，また刑法38条があるので，それぞれの犯罪行為について，自分が行っているという意思（故意）が必要である，と読むわけです。

　犯罪成立に故意（または過失）が要求されることにより，一般市民は，刑法によって示される規範を知っていながら破らないかぎり（過失処罰のときは不注意で破らないかぎり），罰せられることはないのです。この意味で故意の要求は，刑法の保障機能を主観面から支えているといってよいでしょう。

### (2) 故意が成立するのに必要な要素

　「罪を犯す意思」があるというためには，犯罪事実の「認識」，将来の事実については予見が必要です。それ以上に，積極的な「意思」まで必要かについては争いがありますが，少なくとも「認識」は必要とされています。問題となるのは，故意があったというためには，何をどこまで認識していなければいけないか，です。これについては，何よりも犯罪構成要件にあたる事実の認識が必要とされています。したがって，条文に書かれている犯罪行為，結果，因果関係のすべてについて，認識していなければ故意責任を問えません。ただし，事実の認識といっても，具体的かつ正確な事実関係まで認識している必要はありません。たとえば，所持が禁止されている違法薬物には様々な種類がありますが，その薬物の正確な名称まで知らなくても，違法薬物の所持や輸入が禁止される根拠となったその物質の属性の認識，つまり意味の認識があれば，故意責任を問うことができます。1990年2月9日の最高裁決定は，この点が問題にされた事件でした。外国籍のミュージシャンが，知人から「化粧品」だといわれて「ある物」を日本に運ぶように指示されました。このミュージシャンは，これを内部に隠した腹巻きを巻いて日本に入国しました

が，発見され逮捕され起訴されました。争点は，被告人が「化粧品」の運搬をするという認識の中に覚せい剤輸入罪の故意があったかどうかで，もし覚せい剤であるとの認識がなければ，故意が否定されて無罪になります。しかし，正確に覚せい剤だと認識できなくても，身体に有害な違法薬物であるという認識があれば，先に述べた意味の認識は認められるので，故意があったといってよいのです。最高裁は，次のようにいって，故意を認めました。「被告人は，本件物件を密輸入して所持した際，覚せい剤を含む身体に有害で違法な薬物類であるとの認識があったというのであるから，覚せい剤かもしれないし，その他の身体に有害で違法な薬物かもしれないとの認識はあったことに帰することになる。そうすると，覚せい剤輸入罪，同所持罪の故意に欠けるところはない」，と。最高裁のいう「その他の有害で違法な薬物」として，ヘロイン，大麻などがありますが，そのいずれであるかについてはっきりした認識は要らないというのが，判例の立場のようです。しかし，それぞれの薬物について犯罪構成要件があるのに，「違法薬物」という程度の認識で，最も重く罰せられる覚せい剤輸入・所持の故意を認めていいかという批判もあります。

　他の例として，わいせつ物頒布罪（刑法175条）における文書・図画などの内容が「わいせつ」にあたることの認識が必要か，という問題があります。先の違法薬物の場合と同じく，意味の認識，すなわち，問題の書籍やDVDが「やばそうなポルノらしい」と認識していれば，故意責任を免れることはできません。ただ，販売を任されたわいせつな書籍が外国語で書かれた本だったところ，その外国語をまったく理解できないため，書かれた内容を知らなかったような場合は，故意を認めることはできません。法律用語を使って説明すれば，このような場合，本に文字が書かれていることは分かっても，意味の認識がないから故意を欠く

のだ，ということになります。

## （3）未必の故意 —— 故意と過失の分水嶺

　故意とは，要するに人間の心理状態ですので，認識あるいは予見について程度の問題があります。計画的な犯行であれば，ふつうは確定的な認識・予見があるでしょう。これを確定的故意と呼びます。しかし，先にあげた覚せい剤輸入等の例のように，「……かもしれない」という認識・予見もあります。また，爆弾による無差別殺人なら，被害者は誰でもいいと思っているかもしれません。このように，確定的でない故意を，一般に不確定的故意といいます。不確定的故意は，さらに，①未必の故意，②概括的故意，③択一的故意に区別されます。このうち，②概括的故意は，具体的に誰ということなく，歩行者の行列に自動車を暴走させ誰でもいいから人を殺そうとしたような場合です。死亡した被害者について殺人既遂罪，死を免れた人たちへの殺人未遂罪が成立します。③択一的故意は，客体の中の1つに結果が発生することを望んで，数人の客に出したティーカップの1つだけに毒を混入させたような場合です。

　①未必の故意は，結果の発生を確定的には認識・予見していなくても故意を認めていい場合をいいます。不確定的故意で最も問題になるのが，この未必の故意です。未必の故意は故意と過失の分水嶺であると，よくいわれます。この点は重要なポイントですので，人を死なせる行為を例に，少し詳しく説明することにします。AがBを死亡させる意思をもってナイフで刺すような場合が，典型的な故意犯（殺人罪）です。もし，AはふざけてナイフをふりかざしBを驚かすつもりだったのが，つまずいてBに覆い被さった拍子にナイフがBの心臓部に突き刺さってしまったような場合，殺意がないので過失犯（過失致死罪）になります。前者と後者の違いは，行為のときにBの死の結果を認識（将来のことですの

で，正確には予見）していなかった点です。それでは，この2つの典型例の中間的事態として，結果に対する予見はあるが積極的にそれを望んでいなかったときは，故意になるのでしょうか。それとも過失でしょうか。

　この点について，学説の多くは，次のように考えます。行為者が，結果の発生を認識（予見）していたとしても，その結果を認容していなければ故意ではなく過失犯が成立するにすぎないが，もし，結果発生を認識し，そうなっても構わないとの認容があるのであれば，故意を認めるべきである，と。たとえば，子どもが遊ぶ団地内の狭い道を，スピードを出して通行した際，子どものひとりを轢いて死なせたとします。運転者が，子どもを轢くリスクは認識していたが，自分の運転技術があれば避けられると思っていたら，過失です。しかし，むしゃくしゃするので子どもを轢いて死なせることがあっても構わないと思っていたときは，結果に対する認容が認められるので，故意があるとするのです。この見解を認容説といいますが，認容説は客観的には同じ行為であっても，行為者の内心の事情によって故意または過失に振り分けるのです。もともと，故意・過失は主観的・心理的なものですので仕方ないのかもしれませんが，認容説によると主観的事情が決定的役割を果たすことになります。本来危険性がそれほどでもない行為でたまたま結果が発生した場合でも，行為者が結果を予見していれば故意があるとすると，故意の成立範囲が広くなりすぎるのではないか，という批判もあります。逆に，結果が発生する危険性が高い行為を行っても，行為者に認容が認められなければ故意が認められないことになります。そこで認容説にたつ論者は，認容を，結果発生を積極的に肯定する意思がある場合にかぎらず，「仕方がない」「やむを得ない」といった心理状態でも認めようとします。しかし，認容概念をゆるめると，過失との区別がさらに困難になるので

はないか，という疑問も出されており，この点も認容説の弱点かもしれません。

　蓋然性説は，このような認容説の弱点を意識して，主観面からの解決をやめ，行為のもつ結果発生の客観的な可能性（結果が発生するかもしれない）を超える蓋然性（結果が発生しそうだ）の有無によって，故意と過失を区別することを提唱します。客観的な蓋然性という基準で故意と過失を振り分けるので，とりわけ裁判のときの立証はより簡便になります。認容説だと，捜査段階でとられた被告人の自白調書などで犯行時の被告人の「認容」を証明しなければなりませんが，蓋然性説は，被告人の主観を問題にせず客観的な可能性の程度を情況証拠などで証明すればよいことになります。訴訟という面からみて，蓋然性説に大きなメリットはありますが，故意の有無を行為者の心理状態から切り離して決することが，故意の本来の意義からみて妥当なものでしょうか。どちらの説にも，それぞれメリットと難点がありそうです。ほかに，動機説といって，犯罪事実を認識しながら自己の行為を思いとどまる動機としなかったところに故意を認めようとする説がありますが，認容説に対する批判がここでもあてはまるように思われます。

　では，裁判所はどのような見解をとっているのでしょうか。認容説にたっているとみられる判例もある一方で，蓋然性説，動機説にたつ判例もあるという論者もいてはっきりしません。ここでは，蓋然性説にたって故意を認めた広島高裁2005年3月17日判決を紹介しておきましょう。事案は，執拗で残酷ともいえる方法で6歳の男児を虐待のうえ死なせたというもので，検察官はこれを殺人で起訴しました。子どもの虐待死の事件は，ときどきマスコミで報道されますが，多くの場合，殺意の認定が難しいこともあり，殺人ではなく傷害致死罪で処理されます。この事件では，被害児童への日常的虐待に加え，全身衰弱状態の児童を二重の

ビニール袋に入れ，その口を固く二重に結んだうえ大型スポーツバッグに押し込んで放置して窒息死させたというものでした。第1審裁判所は，殺意を認めず傷害致死だと認定しましたが，広島高裁は，「格別の医学知識のない一般人であっても，本件密封行為及びその後の放置行為により死の結果を招来する蓋然性が極めて高いと判断することは容易なこと」であるから，「未必の殺意を否定することはできない」としたのです。広島高裁は，死の結果が高い蓋然性で予測できる事案だから，被告人がこれを予見していないとは考えられない，と判断したのかもしれません。そうだとすると，認容説と蓋然性説は，両立不可能な説ではないようにも思われます。

## 2.「事実の錯誤」の2類型

### (1)「事実の錯誤」総論

　ここからは，錯誤の話をします。出発点は，故意です。故意とは，「罪を犯す意思」ですが，その認識の対象は犯罪構成要件とされている具体的事実です。ところで，客観的には犯罪行為が行われたようにみえても，主観的に事実の認識を欠くことがあります。その場合，客観的に生じてしまったとおりの故意責任を問うのは，責任主義に反して不当です（過失責任が問われることがあるのは，別問題です）。そこで，事実の認識がない場合は故意を欠くとして無罪にしなければならず，軽い犯罪を行うつもりだったところ客観的には重い犯罪を犯したときは軽い犯罪の限度でしか処罰できません。後者の場合については，刑法に規定があります。刑法38条2項は，「重い罪に当たるべき行為をしたのに，行為の時にその重い罪に当たることとなる事実を知らなかった者は，その重い罪によって処断することはできない。」と定めています。

刑法学では，前者を具体的事実の錯誤，後者を抽象的事実の錯誤と呼んでいます。具体的事実の錯誤は，同一構成要件内の錯誤のことをいい，さらに，客体の錯誤，方法の錯誤，因果関係の錯誤に分かれます。客体の錯誤とは，特定のAという人物を殺すつもりで暗がりで発砲し射殺したところ，よくみるとBだったというような場合をいいます。方法の錯誤とは，ねらった客体ではなく別の客体に結果が生じたような場合，たとえばある人に向けて銃を発砲したが弾がそれて通行人にあたって死なせた場合をいいます。因果関係の錯誤とは，因果経路について行為者の予期と異なる結果となったような場合，また，抽象的事実の錯誤とは，異なる構成要件の間の錯誤をいいます。抽象的事実の錯誤の例としては，飼い主と散歩している犬を殺そうと銃で発砲したところ，犬ではなく飼い主に弾があたって死亡したような場合です（犬を殺すのは，器物傷害罪にあたります）。飼い主に対する殺人の故意はないので，殺人に問われることはありません。

これを整理すると，以下のようになります。

♣具体的事実の錯誤
　・客体の錯誤
　・方法の錯誤
　・因果関係の錯誤
♣抽象的事実の錯誤（刑法38条2項）

以上のうち，ここでは客体の錯誤と方法の錯誤について検討することにしましょう。

### （2）客体の錯誤

犯罪行為の客体には，個性のあるものとないものとがあります。窃盗で他人の金銭を盗むときに，金額の多寡が量刑に影響することはありま

すが，誰の金を盗んだのか，金が紙幣かコインかは無視していい要素でしょう。これに対して，人を殺すときには，客体の「人」が誰であるかは，少なくとも行為者にとって非常に重要です。無差別殺人でないかぎり，殺したいのはMさんであって，Nさんなら殺さなかったというのが普通だと思われます。では，Mさんを殺すつもりで，背格好のよく似たNさんを刺殺してしまった場合，この錯誤を理由にNさんへの殺人既遂罪の罪は問えないことになるのでしょうか。行為者の意図や動機は別にして，客観的にみると「人」を殺すつもりで「人」を死なせているには違いないので，殺人既遂罪が成立すると考えるべきでしょう。窃盗などと比べ，客体の個性が重視される殺人についても，MさんやNさんではなく，彼らが殺人の構成要件にある「人」である点が重視され，そのかぎりで抽象化されているといえます。言い換えると，客体の錯誤は故意を阻却しない，つまり犯罪の成立に影響しないと考えるのです。

客体の錯誤についての以上のような解決は，行為者の主観的故意と客観的結果の間に，そこにいた「人」である点では具体的に符合しているため，具体的符合説と呼ぶことができます。この具体的符合説は，次の方法の錯誤に関して，再度登場します。

### (3) 方法の錯誤

方法の錯誤とは，打撃の錯誤とも呼ばれ，客体が本来のターゲットと予期せぬターゲットの2つ（あるいは，2つ以上）になるため，いくつかの類型に分けて論じる必要があります。ここでは，以下の3つのケースについて検討することにしましょう。

《ケース1》 Aをねらって銃を発射したところ，弾がそれてAにあたらず，そばにいたBにあたってBが死亡した場合

《ケース2》 Aをねらって銃を発射したところ，弾がAを貫通してそば

にいたBにあたり，A・Bともに死亡した場合
《ケース3》SがAの飼い犬とBの飼い犬を連れて散歩しているのをみて，Aの飼い犬をねらって銃を発射したところ，弾がそれてBの飼い犬にあたって殺してしまった場合

　まず，《ケース1》の検討から始めましょう。客体の錯誤の解決に用いた具体的符合説を，ここに当てはめるとどうなるでしょうか。具体的符合説は，認識したところと現実に発生した結果とが具体的に符合＝一致することを要求しますので，銃でねらったAという「人」について結果が発生していないことから，Aに対する殺人未遂罪，Bは殺意の対象とはなっていなかったので，せいぜい過失致死罪になります。ただし，AのそばにBがいるのを知っていながら発砲したような場合，弾がそれてBに命中してしまう可能性を行為者が認識（予見）しているかもしれません。その場合は，未必の故意が認められるので，Bに対しても殺意があることになり，Aに対する殺人未遂とBに対する殺人既遂が成立します。しかし，問題は，Bに対してそのような故意がない場合です。具体的符合説によると，殺意をもって銃を発射し，結果として人が死亡しているのに，殺人既遂罪を問えなくなります。むろん，Bの死の結果について過失致死，場合によっては重過失致死の罪に問える可能性はありますが，過失の成否は錯誤の問題（つまり，故意の問題）ではないことに注意する必要があります。さらに，《ケース3》では，客体が動物ですので，動物傷害罪（刑法261条）が問題になりますが，この犯罪には未遂処罰規定も過失処罰規定もありません。そうすると，Aの飼い犬に対する未遂（不処罰）とBの飼い犬に対する過失（不処罰）のいずれも無罪になるため，およそ罪に問えないことになってしまいます。

　そこで多くの論者は，当初ねらった客体と別の客体にあたった場合でも，2つの客体が構成要件上同じ「人」，あるいは「器物」であれば，

同一構成要件内の不一致だとして既遂を肯定します。《ケース１》ならＢに対する殺人既遂罪を，《ケース３》ならＢの飼い犬に対する動物傷害罪（既遂）が成立すると考えるのです。この見解を法定的符合説といい，学説上は通説であり，裁判所もこの考え方によっています。この法定的符合説の結論は，常識にかない，結論も妥当なのですが，Ａをねらってａに発砲した点を不問に付していいのかという問題が残ります。（話がだんだん複雑になりますが）そこで，法定的符合説の中でさらに見解が分かれ，①Ｂに対する殺人既遂のほかに，Ａに対する殺人未遂を認める見解と，②この場合の故意は１個だから，Ｂに対する殺人既遂が成立すれば，Ａに対しては過失致死しか問題にならない（弾がそれていますので過失致死は不成立）という見解の２つがあるのです。法定的符合説のもともとの発想からいうと①説になるはずですが，１個の故意しかないのに２個の殺人を認めるのはおかしいとの批判を受けて，②説は１個の殺人既遂を認めます。具体的符合説も１個の故意を認めますので，この②説に似ていますが，具体的符合説はＡに対する（故意の）殺人未遂罪１個，②説はＢに対する殺人既遂罪１個を認めるのです。なお，故意の個数を問題にしない見解（本来の法定的符合説）にたてば，《ケース２》は２個の殺人既遂を認めますが，具体的符合説はあくまでも具体的な符号を重視しますので，この場合も（過剰結果である）Ｂに対する死の結果については過失致死しか認めません。このほかにも，中間的な学説もありますが，省略しましょう。

　ところで，《ケース３》について，法定的符合説では故意の動物傷害罪（一種の器物損壊罪）が認められることになります。これに対して，具体的符合説の中にも，殺人などとちがい器物損壊罪など客体の個性（法益）が相対的にみて重視されない場合には，１個の動物傷害罪を認める見解もあります（法益による二分説）。恣意的な解決のようにもみ

えますが，法益を基準に解決方法を分けることは罪数論でもないわけではなく，解釈論として許されるようにも思われますが，いかがでしょうか。

議論が錯綜してしまいましたので，ここで裁判例をあげて，具体的事例をとおして問題を整理しておきましょう。次にあげる，びょう打ち銃事件が素材になります。

## （4）びょう打ち銃事件

この事件は，被告人が警官からピストルを強奪しようと企て，建設用びょう打ち銃を改造した手製装薬銃で巡査Aを狙い，びょうを発射したところ，びょうがその巡査の側胸部を貫通し，さらに，たまたま道路反対側を通行していたBに命中させて，両者に傷害を負わせたというものです。さきほどの《ケース2》に類似していますが，A・Bともに傷害にとどまった点に違いがあります。それと，たんなる殺人ではなく，巡査のピストルを奪うために犯行に及んでいますので，強盗殺人（未遂）（刑法240条，243条）が問題になります。検察官は，A・B両名に対する2個の強盗殺人未遂罪が成立するとして東京地裁に起訴しました。第1審の東京地裁が，A・Bに対する殺意を否定して強盗致傷（刑法240条）にしたのに対して，第2審・東京高裁は，Aに対する未必の殺意を認め，Bに対しては方法の錯誤にあたるが法定的に符合するとして2個の強盗殺人未遂としました。

最高裁は，1978年7月28日の判決で，次のように判示しました。まず，故意と錯誤に関する一般論として，「犯罪の故意があるとするには，罪となるべき事実の認識を必要とするものであるが，犯人が認識した罪となるべき事実と現実に発生した事実とが必ずしも具体的に一致することを要するものではなく，両者が法定の範囲内において一致することをもって足りる」として，これまでの判例と同じく法定的符合説にたつこと

を明らかにしました。そのうえで，これを本件事案にあてはめ，「被告人が人を殺害する意思のもとに手製装薬銃を発射して殺害行為に出た結果，被告人の意図した巡査Aに右側胸部貫通銃創を負わせたが殺害するに至らなかつたのであるから，同巡査に対する殺人未遂罪が成立し，同時に，被告人の予期しなかつた通行人Bに対し腹部貫通銃創の結果が発生し，かつ，右殺害行為とBの傷害の結果との間に因果関係が認められるから，同人に対する殺人未遂罪もまた成立し，しかも，被告人の右殺人未遂の所為は同巡査に対する強盗の手段として行われたものであるから，強盗との結合犯として，被告人のAに対する所為についてはもちろんのこと，Bに対する所為についても強盗殺人未遂罪が成立するというべきである。」としました。最高裁は，Bに対して殺意がなくても，法定的に符合することを理由にAだけでなくBに対する強盗殺人未遂を認めたのです。最高裁は，1個の故意であっても，A・B2人に傷害結果が発生した場合に，2つの（強盗）殺人未遂が認められるとしたわけです。これを徹底していくと，犯行現場にいたが弾がそれて無事だった人にたいしても殺人未遂が認められることになりそうですが，そこまで認める見解はありません。どのような場合も理論的に無理なく説明ができ，解決方法としても適当な結論を導く学説はなさそうですが，中では具体的符合説がより穏当な見解といえるように思われます。

　抽象的事実の錯誤の問題は，省略することにします。興味のある方は，各自刑法の教科書などで検討してみてください。


## 3．故意の立証と裁判員裁判

### （1）故意（殺意）の認定の仕方
　故意，未必の故意，そして錯誤をめぐる諸問題は，すべて人の心の中

で生じるものなので，実際の裁判で立証するのは容易なことではありません。数としては，被告人がすなおに犯意を認め，それを裏付ける客観的証拠も揃っている事案が，圧倒的に多いと思われます。しかし，比較的軽微な事件から殺人などの重大事件にいたるまで，被告人が犯行時の故意を否定し，法廷でその有無をめぐって厳しく争われることも少なくありません。殺人の故意を例にとれば，親の子どもに対する虐待死，少年の仲間内での集団的暴行による死亡事件など，傷害致死にとどまるのか殺意があったのか，証拠上判断が難しいケースも少なくないのです。しかも，殺人というのは，それじたい異常で例外的な事態です。行為者本人にとっても，極度の興奮状態にあるのが普通でしょうから，事後に正確に当時の心理状態を述べることは簡単ではありません。まして，被告人が犯行を否認しているとき，殺意があったか否か，どうやって認定すればよいのでしょうか。

　これについては，裁判では，自白などの直接証拠がなくても間接証拠（間接事実）を積み重ねて立証することになります。昔から裁判実務でいわれているのが，殺意の3要件という証明方法です。これには批判もありますが，実際に多くの裁判例で用いられているものですので，どのようなものか説明しましょう。殺意を認定する基準として，①創傷の部位・程度，②凶器の種類・用法，③動機です。順番に補足しておきますと，①創傷の部位としては，刃物や銃でねらう身体の部位が手足であれば殺意は認めにくいでしょう。創傷の程度とは，鉄パイプでなぐったとして，その回数，刃物の場合の傷の深さなどのことです。②凶器がピストルなら殺意は認めやすく，文房具のカッターならその逆ということになります。③動機ですが，とくに殺人は，たまにフィクションに登場する殺人狂などは別にして，よほどの動機がないと犯行に及ばないと考えられますので，被告人と被害者の人間関係や背景，両者の性格などから

動機を証明することになるでしょう。その他，犯行後の行為者の行動，たとえば救命措置をとったか否かなども重要な間接証拠になります。

　ただし，最終的には裁判官（裁判員）の自由心証ですので，3要件がそろっているようにみえても，弁護側から主張・立証される，殺意を否定するほうの事情に説得力があれば，「疑わしきは被告人の利益に」原則にしたがって，裁判所は殺意を否定して（事案によって）傷害致死，過失致死，あるいは無罪を言い渡すことになります。

## （2）覚せい剤を所持することの「故意」

　次に，客観的事実に問題はなくても故意が否定されて無罪になる典型的なケースとして，有名なチョコレート缶事件を取りあげましょう。これは，裁判員裁判で無罪にした地裁判決を高裁がひっくり返し，最高裁がさらにひっくり返した（つまり，無罪に戻した）事件としても知られています。事案は，次のようなものです。マレーシアから帰国したMは，成田空港で，自分のバッグに覚せい剤約1キログラムをチョコレート缶に隠して国内に持ち込んだとして逮捕され，覚せい剤取締法違反と関税法違反で起訴されました。第1審の千葉地裁で，Mは，知人から30万円の報酬で頼まれただけで缶の中に覚せい剤が隠されていたことは知らなかったと言って争いました。もちろん，所持していても知らなければ無罪になります。第1審判決は，次のような理由を述べて，Mを無罪にしました。①本件チョコレート缶の内容を外側から確認できず外見的には開封等された様子がなかったことから，直ちに本件チョコレート缶に違法薬物が隠されている事実が分かっていたはずであるとまではいえない，②被告人が30万円の報酬を約束され航空運賃等を負担してもらったうえで持ち帰ったという事実については，被告人が偽造旅券の密輸を依頼されており税関検査時に偽造旅券を所持していたことから，委託物が

違法薬物であると当然に分かったはずであるとまではいえない，③本件チョコレート缶が不自然に重いという事実については，被告人が本件チョコレート缶を他の缶と持ち比べる機会はなく，本件チョコレート缶の重量感からチョコレート以外の物が隠されていると気付くはずであるとはいえない，との理由です。これに対して，東京高裁は，それぞれの理由について，これらは「被告人に覚せい剤の認識があったと認定する一つの証拠となり得る」として全体を総合評価し，有罪判決を言い渡しました。最高裁は，2012年2月13日，一般論として，（とくに第1審が裁判員裁判のときは）「控訴審が第1審判決に事実誤認があるというためには，第1審判決の事実認定が論理則，経験則等に照らして不合理であることを具体的に示すことが必要である」とし，この点で第2審の東京高裁は，第1審の論理則，経験則違反（要するに不合理な事実認定）を「十分に示したものとは評価することができない」のでこれを破棄し，第1審判決を確定させました。

　その後も，覚せい剤の国内持ち込みが問題になった同種のケースで，事情は同じではありませんが，裁判員裁判で無罪になったものがいくつも出ています。裁判員が，市民の感覚で，殺意の3要件のような従前の事実認定の手法にとらわれないで，被告人の言い分に説得力があると考えて無罪にしたのだとしたら，日本の刑事裁判をより健全なものにしていくうえで，大変意味のあることだと思われます。これまでは，捜査段階で被疑者（後の被告人）の自白調書をとることが重視され，故意や未必の故意ももっぱらこの調書によって証明がなされ，後にくつがえすことは非常に困難でした。犯罪の主観的要素の認定をいかに客観的に，正確に行うかは，今後とも刑事司法の大きな課題です。

### 【学習課題】

1．故意がなければ，原則として犯罪にならないのはなぜですか。
2．未必の故意と過失を区別するには，どのような基準によるべきですか。学説はどのような見解を主張していますか。
3．犯罪を行って予想外の客体に結果が生じた場合，錯誤が問題になりますが，どのように処理するのが妥当ですか。
4．故意の立証をするのに，自白調書がないとき，どのような方法がありますか。

### 参考文献

・井田良「故意をめぐる諸問題」現代刑事法5号97頁
・長井長信「事実の錯誤」西田典之ほか編『刑法の争点』（有斐閣，2007年）62頁
・能勢弘之「事実の錯誤」『現代刑法講座』2巻（成文堂，1979年）321頁

# 6 | 共犯——犯罪の共同実現

《目標＆ポイント》 2人以上で犯罪を実行した場合を共犯といいます。判例は，共謀しただけの者についても共謀共同正犯を認めますが，刑法の共犯規定を拡げるものではないかとの批判もあります。共犯成立の限界について，理論的に考察してみましょう。
《キーワード》 共謀共同正犯，共犯の処罰根拠，幇助と共謀共同正犯，共犯者の自白

## 1．共犯の種類と処罰根拠

### （1）共犯にはどのような種類があるか？

　刑法典には，様々な犯罪の種類が並んでいますが，そのほとんどが，基本的には単独で行われることが予定されている犯罪（単独犯）です。すでに何度も登場している殺人罪や窃盗罪も，みな単独犯です。これに対して，たとえば，集団で騒いで社会の秩序を乱す騒乱罪（刑法106条）や，贈る側と贈られる側を予定しているわいろ罪（同197条，198条）などは，犯罪構成要件じたい，2人以上の者が犯罪に加功することが予定されています。2人以上の者が共同して犯罪を行うことを共犯といい，とくに必ず共犯であることが予定されている騒乱罪などの犯罪を必要的共犯といいます。必要的共犯にも論じなければいけない問題はあるのですが，刑法の中ではやや例外的な「共犯」ですので，今回は単独犯とされている犯罪を複数で行った場合について検討することにしましょう。

刑法典は，単独犯を2人以上で行った場合に備えて，その第11章に「共犯」の規定をおいています。これによると，刑法の共犯には3つの種類があります。すなわち，「共同正犯」(刑法60条)，「教唆犯」(同61条)，「従犯」(幇助犯)(同62条，63条)の3つです。「共同正犯」は，「2人以上共同して犯罪を実行した」ときに成立する共犯です。強盗の共同正犯を例にあげると，共犯のひとりが被害者を脅かして抵抗できなくしておいて，他のひとりが被害者のポケットから財布を奪うような場合です。この場合，脅かしただけの者も共同して財産を奪ったと認められるので，強盗の正犯としての刑事責任を負うことになります。犯罪の一部だけ行ったのに全部の責任を負うことになるので，これを「一部実行全部責任の原則」といいます。責任を負うというのは，正犯者としての責任を負うという意味ですので，強盗罪の一部の行為（たとえば脅迫のみ）だけ分担した者も，強盗全体について刑事責任を負うことになります。
　共同正犯が成立するためには，まず，共犯者間に意思の連絡が必要です。学説の中には，犯罪を行っている者が知らないうちに他の者が犯罪の実行を容易にするような手助けをした場合でも共同正犯を認めるべきだと主張する人もいます。しかし，実行行為の一部しか行っていないのに全部の責任を負わせることになるのですから，片面的な関係では不十分だとみるべきでしょう。もうひとつの要件は，共同で犯罪を実行することです。共同正犯とされると，最終的に全部の責任を負うことになるので，共犯者のそれぞれは，少なくとも実行行為の一部は行わなければならないと解することになります。ただ，この点については異論もあり，後で詳しく述べますが，共謀さえあれば共同正犯を認める判例は，実行行為を行わない共同正犯者を認めています。
　「教唆犯」は，「人を教唆して犯罪を実行させた」ときに成立する共犯形式のことをいいます。みずから犯罪を実行しなくても，他人をそその

かしたり，威圧したり，甘言を用い，あるいはだましたりして犯罪を実行させることで教唆犯が成立します。これらの手段のことを教唆というのです。もともと犯罪の意図をもたない人に犯罪を行わせるのですから，その責任は正犯者と変わりません。刑法は，教唆者には「正犯の刑を科する」と規定しています。また，刑法典はとくに，教唆者を教唆したときも処罰することにしています（61条2項）。これを，間接教唆といいます。犯罪組織などでは，間接教唆も珍しくないかもしれません。教唆犯の成立について重要なポイントは，条文に教唆して犯罪を「実行させた」とあるので，教唆された者（被教唆者といいます）が必ず犯罪を実行しなければならないことです。もし，被教唆者に犯意が生じなかったとすると，教唆犯は成立せず，教唆した者も処罰されることはありません。人に犯罪をそそのかしておいて，たまたま被教唆者が説得されなかったというだけで不処罰になるのはおかしいと思われるかもしれません。しかし，刑法は，正犯がいないのに教唆というかたちで関与しただけの者を処罰するまでの必要はないと考えたのです。これを共犯の従属性といいます。次に述べる従犯もそうですが，共犯の成立は，正犯者が実行行為に及ぶかどうかにかかっているのです。

　「従犯」は，幇助犯ともいいますが，要するに「正犯を幇助した」場合に問題になる共犯形式です。幇助というのは，正犯者の実行行為を容易にする行為ですが，実行行為そのものではないため，「正犯の刑を減軽する」とされています。正犯者の実行行為が条文に「人を殺す」「放火する」と明確に書かれているのと違って，何が幇助にあたるかはかなり曖昧です。強盗犯人に事前に凶器を貸し与えるのは，幇助行為といって問題なさそうですが，たとえば，殺人の共同正犯として被害者を拉致するところまで行動を共にしたが，殺害行為の前に現場を立ち去った者は殺人の正犯でしょうか。あるいは従犯でしょうか。大阪高裁1987年10

月2日判決は，共同正犯として起訴された被告人を，立ち去った後に被害者が殺された場合に，それを予期していたとしても作為による殺害と等価値とはいえないとして殺人の従犯にしています。このように，共同正犯か従犯かの区別は，かなり微妙なのです。

### (2) 共犯はなぜ処罰されるのか？

　ここまで，刑法の定める共犯について概観してきましたが，それでは，「共犯」であることの特殊性，特徴は何でしょうか。この問題を考えるときに，共同正犯と，教唆犯，従犯を区別するのがよいと思われます。なぜなら，共同正犯は，共同で「正犯」行為の一部を行うわけで，3種類の共犯類型の中では単独正犯に近い性格をもっているからです。学説上も，教唆犯と従犯だけを取り出して「狭義の共犯」と呼んでいます。この「狭義の共犯」は，実行行為を行わないのに，つまり法益侵害の危険を生じさせるような行為を直接行わないのに処罰されることになっています。これが，（狭義の）共犯の特徴なのですが，直接実行行為をしないのになぜ処罰されるのでしょうか。これが，（狭義の）共犯の処罰根拠の問題です。これには，①責任共犯説，②違法共犯説，③因果的共犯説の3つの見解があるといわれてきました。それぞれにつき簡単に説明を加えますと，まず①責任共犯説は，共犯の処罰根拠を次のように考えます。共犯は，正犯者を誘惑して堕落させ，有責な行為にかりたてたがゆえに処罰される，と。この見解では，共犯が違法なのは「正犯」の犯罪をつくったからだということになり，この立場を貫くと，正犯結果は共犯者を処罰するためのたんなる処罰条件にすぎないことになります。②違法共犯説は，正犯者に構成要件に該当し違法な行為を行わせたことに，共犯の処罰根拠を求める見解です。①・②説ともに，正犯者を犯罪に陥れたことを重視する見解といえます。ただ，①・②説いずれも，

教唆犯の説明には適していますが，従犯については説明になっていないのではないかという批判がなされています。③因果的共犯説は，共犯の処罰根拠を，正犯を通じて違法な法益侵害結果を引き起こしたことに求めます。したがって，この説では，正犯の違法性と共犯の違法性の間に本質的な差違はないことになります。また，正犯をとおして法益侵害（またはその危険）を引き起こすことが必要ですので，共犯行為と正犯行為の間に因果関係が存在しなければなりません。

　以上の3説のうち，最後の③因果的共犯説が，正犯の処罰根拠と整合的な説明ができ，また，違法の本質を法益侵害の惹起に求める違法観（通説）になじむところから，学説の支持を受けています。ここから先は，③説にたって検討していきます。③説では，共犯行為と正犯行為の間に因果関係が必要となります。まず，教唆犯ですが，教唆者の教唆行為によって正犯者が犯罪に及ぶという心理的因果関係が必要になります。教唆されたがそれに説得されずに無視した数日後に，被教唆者が新たに犯意を生じて犯行に及んでも，最初の教唆者に教唆犯は成立しません。次に従犯ですが，この場合の因果関係には心理的因果関係と物理的因果関係があるといわれています。後者の物理的因果関係とは，たとえば，窃盗犯人に合い鍵を渡す，殺人犯に凶器のけん銃を渡すなどの場合をいいます。従犯にも心理的因果関係が問題になる場合はあります。先にあげた判例のように，犯罪者の犯行をやめさせる義務があるのに立ち去った場合には，心理的因果関係が認められる場合が多いと思われます。

　従犯と正犯の因果関係について，具体例をひとつあげることにしましょう。事案は，宝石商から宝石を奪って殺害するという強盗殺人事件で，正犯者は被害者を地下室で射殺するつもりで，Aにその用意をするように命じます。そこでAは，地下室から音が漏れないようガムテープで目張りをし毛布で換気口をふさぎますが，正犯者は計画を変えて，自動車

で場所を移動して車内で被害者を射殺します。Aは、その自動車に同乗して現場までついていきます。Aは強盗殺人の幇助で起訴されますが、幇助行為とされたのは、①目張り行為と、②自動車に同乗・追従して現場にいたったことです。東京地裁1989年3月27日判決は、①・②とも幇助にあたるとしましたが、弁護人は控訴して、①目張り行為は、自動車内の殺害行為を現実化する危険性を高めたものとはいえないとして争いました。これに対して、東京高裁1990年2月21日判決は、Aの目張り等の行為が、それじたい、「(正犯者を) 精神的に力づけ、その強盗殺人の意図を維持ないし強化することに役立ったことを認めるに足りる証拠はない」から、これが正犯者の「本件強盗殺人の行為に対する幇助行為に該当するものということはでき (ない)」としました。心理的因果関係も否定して幇助行為とはならなかったとしたもので、適切な判断だと思われます。ただ、東京高裁は、②追従行為について幇助を認めましたので、Aが無罪になることはありませんでした。

　従犯については因果関係は不要だという見解もありますが、正犯をとおして法益侵害の危険を生じさせるのが共犯だと考える以上は、少なくとも (精神的な励ましなどの) 心理的因果関係は必要だと解するべきでしょう。

### (3) 教唆と間接正犯

　教唆犯についても、正犯者の実行行為との因果関係が必要なのは同じです。ここで問題になるのは心理的因果関係ですが、心理的因果関係がないときはそもそも教唆犯が成立しません。たとえば、遠まわしに犯罪を教唆したところ、被教唆者が鈍感で教唆に気がつかなかったとすれば、正犯行為にまで及んでいないのですから、教唆者にもなんの刑事責任も生じないのです。

因果関係については，とくに次の点が重要です。教唆という共犯形態は，たんに法に触れる悪いことをしなさい，というのではなく，被害者や犯行対象を具体的に明示して犯行をそそのかすことですので，被教唆者が言われた対象への犯行をあきらめた後に，新たに別の対象に対して犯罪を行ったときは因果関係が否定されます。古い裁判例に次のようなものがあります。ある男が，Aの家の構造や付近の地形を図解しながらA宅に強盗に入るようにMに教唆しました。Mは，A宅の敷地内までは入り込めましたが，うまく家の母屋に侵入できなかったのであきらめ，帰りかけました。しかし，一緒にA宅に忍び込んだ強盗の仲間が隣のB電気商会に盗みに入ることを強く主張したので，MはB電気商会付近で見張りをしました。結局，MらはB電気商会方に忍び込み窃盗を行った，という事案です。このような場合に，教唆者はどのような責任を負うのでしょうか。ポイントは，最初の教唆とB電気商会への窃盗の間に因果関係があるか否かです。最高裁1950年7月11日判決は，次のような理由で，B商会への窃盗教唆を認めた高裁判決を破棄しました。すなわち，Mの犯行（見張り）は，（教唆者の）「教唆に基づいたものというよりむしろMは一旦右教唆に基づく犯意は障害のため放棄したが，たまたま，共犯者3名が強硬にB電気商会に押し入ろうと主張したことに動かされて決意を新たに遂にこれを敢行したものであるとの事実」からみて，因果関係の存在には疑問があるとしました。教唆は，具体的犯罪行為のそそのかしであって，被教唆者がその具体的犯罪を断念したら，その後の事態について責任を負うことはないのです。

　さて，教唆犯に特有の問題として，間接正犯との限界の問題があります。間接正犯というのは，他人を「道具」として犯罪を行う場合をいい，もちろん正犯の一種です。医師が，事情を知らない看護師に命じて，有毒な薬剤の入った注射を患者に打たせた場合が間接正犯の事例です。他

人を通じて犯罪を実現するという点では，教唆犯と構造が似ているため，両者の区別が問題になります。毒入り注射の例は「道具」性がはっきりしているため，宅配便で毒入りカステラを送るような場合と大差ないと考えて直接正犯（要するに，ふつうの正犯）と考える見解もあります。教唆なのか間接正犯なのか見解が分かれるのは，次のようなケースです。親が刑事未成年（刑法41条）である12歳の娘を脅して，窃盗を行わせました。この場合，親は窃盗の教唆犯になるのでしょうか。刑事責任を問えない子どもを利用しているので，間接正犯でしょうか。この種のケースについて，いくつもの裁判例がありますが，事件によって事情が異なるため必ずしも同じ結論にはなっていません。12歳の娘に13回にわたって窃盗を行わせた事案について，最高裁1983年9月21日決定は，子どもが刑事未成年であることのほかに，「自己［親］の日頃の言動に畏怖し意思を制圧されている同女［娘］を利用して右各窃取を行ったと認められる」ことを理由に，「被告人［親］については本件各窃盗の間接正犯が成立する」と判示しました。たんに刑事未成年だった場合について，最高裁がどのような判断を下すのか注目されていましたが，2001年10月25日の最高裁決定で，12歳の息子に強盗の実行を命じて行わせた母親について，先のケースのような「意思の制圧」がなく，この息子がみずから強盗の実行を決意したと認定して，母親である被告人に強盗罪の共同正犯（他の共犯者はこの息子）を認めました。息子は12歳ですので，起訴されて刑罰を科せられることはありません。変則的ですが，共同正犯といっても，母親についてだけ共同正犯が成立するのです。このような場合には，むしろ教唆犯が成立するという見解も有力ですが，事実関係によって成立する共犯形式も違ってくると考えるべきでしょう。

## 2. 共謀共同正犯と従犯

### （１）問題の所在

　日本の刑法が認める共犯の種類は，最初に述べましたように，「共同正犯」「教唆犯」「従犯」の３つなのですが，もうひとつ，戦前の大審院以来，日本の裁判所が認めている共犯形式として，「共謀共同正犯」があります。共謀共同正犯とは，２人以上の者が犯罪の実行を共謀し，そのうちのある者が実行したときは，実行に加担しなかった共謀者も共同正犯になる，というものです。名称に共同正犯とあるので，刑法60条の共同正犯の一種のようにもみえますが，本来の共同正犯は，犯罪実行行為の少なくとも一部を分担していることが要件になりますので，まったく別物と考えたほうが良いと思われます。

　では，判例はなぜこのような共犯形式を認めるのでしょうか。それは，事件の背後にいて犯罪を仕切っている黒幕を正犯として処罰するためだといわれています。黒幕を教唆犯として検挙しても，教唆者は「正犯の刑を科する」ことになっていますので同じことのようにも見えます。しかし刑法は，拘留または科料で処罰される軽微な犯罪については，特別の規定がないかぎりその教唆・幇助行為は罰しないと定めています（刑法64条）。つまり，刑法上，正犯，そして正犯の一種である共同正犯より教唆犯のほうが軽い共犯形式だと考えられているので，より重い非難に値する背後の黒幕に対しては「教唆」ではなく，実行行為者との共同謀議をした点をとらえて「共謀共同正犯」という「正犯」で処罰する必要がある，というのが判例・実務の感覚のようです。

　では，刑法に書かれていない「共謀共同正犯」は，その正当性をどのような理屈で説明されているのでしょうか。大審院時代には，２人以上の者が「一心同体」で互いに助け合って共同で特定の犯罪を実行するか

ら，謀議をしただけの者も「自己の犯意を実現したもの」だから（共謀）共同正犯としての刑事責任を負うという説明がなされていました（たとえば，大審院1936年5月28日連合部判決）。その特徴は，「一心同体」と「自己の犯意」という言葉にあらわれています。ただ，「一心同体」という点については，騒乱罪のように刑法が規定しているわけでもないのに団体責任を認めるものではないか，という強い批判を受けました。もうひとつの，「自己の犯意」という点は，背後の黒幕が，実行行為を行う他人に犯罪をさせるというより，自己の犯罪として実行正犯者の犯罪に重要な寄与をした場合に共謀共同正犯を認めるという発想にたつもので，現在まで受け継がれています。しかし，これに対しても，人に犯罪を指示した者の主観を重視しすぎていないかという批判があります。

学説からのこれらの批判にもかかわらず，戦前の裁判所による共謀共同正犯論は，戦後最高裁になっても引き継がれました。それが，次に述べる練馬事件判決です。

**（2）練馬事件判決と学説**

この事件は，1951年に起きた労働組合間の対立を背景とした傷害致死事件です。第1組合のA・Bが第2組合長Sと巡査Mの2人に暴行を加えることを謀議し，Bが実行を指導してC・DらとともにMを鉄管などで乱打して死なせたことで，Aを含む全員が傷害致死の共謀共同正犯として起訴されました。争点のひとつが，現場におらず暴行に加わらなかったAを共同正犯としていいか，というものでした。最高裁1958年5月28日大法廷判決は，まず共謀共同正犯を定義して，「共謀共同正犯が成立するためには，2人以上の者が，特定の犯罪を行うため，共同意思の下に一体となって互いに他人の行為を利用し，各自の意思を実行に移すことを内容とする謀議をなし，よって犯罪を実行した事実が認められな

ければならない」といいます。そのうえで、ここでいう「共謀」に参加した者は、「直接実行行為に関与しない者でも、他人の行為をいわば自己の手段として犯罪を行ったという意味において、その間刑責の成立に差異を生ずると解すべき理由はない」として、全員について共謀共同正犯が成立するとしました。

当時の社会状況などからみて、A・B間の共謀はたんなる謀議ではなく、文字通り「他人の行為を利用し、各自の意思を実行に移すことを内容とする謀議」が行われたものだったのでしょう。最高裁はそう認定したからこそ、強い人的結合があれば実行行為に直接関与しなくても「共同正犯」になりうると判断したのです。理論的な問題として注目されるのは、共謀共同正犯を肯定する論理として戦前の「一心同体」論によらず、謀議のみに関与した者も「他人の行為を利用」して意思を実行したとしている点です。この点は間接正犯の理論に類似した考え方をとっており、これに賛成する学説も登場するようになりました。しかし、刑法60条の「2人以上共同して犯罪を実行した者」の中に謀議だけの者を含めることができるのか、という批判は今日でも根強くあります。練馬事件判決とこれを支持する学説は、共謀が共同正犯と評価できるだけの実質（他人の行為の利用）を備えたものであることを要求するわけですが、これで批判に応えたといえるでしょうか。この議論がなお解決をみないうちに、最高裁は、共謀共同正犯が成立する新たな場合を認める決定を下しました。これが、次にあげるスワット事件・最高裁決定です。

事案は、広域暴力団の幹部が、部下である専属の護衛（以下、スワットと呼びます）のけん銃不法所持（銃砲刀剣類所持等取締法違反）について共謀共同正犯に問われたというものです。この事件は事実認定にも争いがあり、その幹部に部下のけん銃所持についての故意、あるいは未必の故意があったか否かについて激しく争われました。ここでは、裁判

所の認定した事実をもとに紹介し，検討することにしましょう。警護のスワットらは，いずれも実包の装てんされたけん銃を所持しており，被告人も，スワットらによる警護態様，被告人自身の過去におけるボディガードとしての経験等からスワットらが被告人を警護するためけん銃等を携行していることを，「概括的とはいえ確定的に認識していた」といいます。概括的だが確定的，という意味がよく分かりませんが，ここではこれ以上コメントしないことにします。被告人は，立場上スワットらにけん銃を持たないように指示命令することもできる地位にいながら，そのような警護を当然のこととして受け入れ，スワットらも被告人のこのような意思を察していました。

　最高裁2003年5月1日決定は，「（このような）事実関係によれば，被告人とスワットらとの間にけん銃等の所持につき黙示的に意思の連絡があったといえる。そして，スワットらは被告人の警護のために本件けん銃等を所持しながら終始被告人の近辺にいて被告人と行動を共にしていたものであり，彼らを指揮命令する権限を有する被告人の地位と彼らによって警護を受けるという被告人の立場を併せ考えれば，実質的には，正に被告人がスワットらに本件けん銃等を所持させていたと評し得るのである」，と判示しました。このスワット事件・最高裁決定は，練馬事件判決で共謀共同正犯の成立に必要だとされた謀議が認められず，「黙示の意思の連絡」しかなかったケースでも共謀共同正犯が認められるとしたわけで，当初は学説から厳しい批判を浴びました。謀議がなくても，「黙示」でもいいとしたら，共謀共同正犯があまりにも拡大適用されてしまわないか，という心配があるからです。しかし他方で，スワット事件の事案は，純粋に事前共謀が問題になった練馬事件と違って，警護対象の被告人は犯行時，犯行場所にいて，実行行為者であるスワットと行動と共にしているという特殊性があります。この点と暴力団特有の絶対

的支配服従関係を重くみて，スワット事件のケースでも，共謀共同正犯が認められる，とされたのです。練馬事件とは別の類型の共謀共同正犯を認めた最高裁に賛成する学説も増えてきました。最近の学説は，共犯論についても結果への因果性を重視するので，実行行為を分担しなくても重要な因果的寄与が認められれば共同正犯を認めていいと考えるようです。

### (3) 幇助か共謀共同正犯か？

　このように，共謀共同正犯は，教唆犯との境界線を超えて拡張してきましたが，さらに従犯の一部についても共謀共同正犯を認める判例もあらわれました。被告人Ｘは，ある人物Ｌから大麻密輸の計画をもちかけられ，その実行担当者になってほしいと頼まれます。しかしＸは執行猶予中だったためこの申し出を断り，①知人Ｎを自分の代わりに紹介するとともに，②密輸入した大麻の一部をもらう約束をしたうえで資金を提供します。Ｌはタイに渡航し乾燥大麻を日本に持ち込みますが税関で発覚しＸ，Ｎとともに大麻取締法違反，関税法違反の共謀共同正犯として起訴されます。Ｘは，自分のしたことは資金援助にとどまるから正犯ではなく，幇助にすぎないと主張しました。この主張は認められるでしょうか。

　最高裁は，1982年7月16日の決定で，結論として被告人Ｘの主張を退け，全員に共謀共同正犯を認めました。Ｘについて幇助を否定した理由は，上の①・②の行為を通じてＬ等と「本件大麻密輸入の謀議を遂げた」点をとらえて，「正犯」であると認めたようです。これ以上に詳しい理由付けはありません。そこで，最近の学説にならって結果への因果的寄与の問題として考えてみましょう。学説のあげる例として，Ａが恐喝のための計画を練り脅迫状を作成してＢに手渡し，Ｂが恐喝を実行したと

いうものがあります。実行行為はBですから，Aは幇助にとどまるといえるでしょうか。恐喝の結果に対する因果的な寄与という点からみると，Aが従犯にとどまるとはいえないのではないでしょうか。だとすると，A・Bともに共同正犯（共謀共同正犯）とするのが，事案の実態に即した解決だと思われます。同じように，上述の被告人Xをみてみましょう。自分は一歩退いているように見えますが，大麻の日本への密輸入行為に対して，Xの行為①・②は因果的な寄与をしているといってよいでしょう。だとすると，これも共謀共同正犯として刑事責任を問うことができる事案なのです。

## 3.「共犯」と刑事手続

### （1）練馬事件と手続の問題

　練馬事件・最高裁判決は，共謀共同正犯を最高裁が大法廷を開いて認めた重要な判例ですが，実は刑事手続にとっても，いくつか重要な判断をしています。そのうちのひとつが，共犯者の自白に補強証拠が必要か否かという論点についての判断です。練馬事件は，いわゆる労働公安事件で十余名の被告人が起訴されていますが，ある者は自白し，ある者は否認しています。共犯者の裁判で注意すべきだとされているのは，自白している「共犯者」が，自分の刑責を軽くするために，事件に関与していない他人を「共犯者」として名指しすることがありうる，ということです。戦後の有名なえん罪事件の八海（やかい）事件でも，最終的に無罪が確定した4人は，真犯人と思われるK（無期懲役が確定）が厳しい取調べをうけ苦し紛れに4人の名前をあげたため犯人として起訴され，有罪判決を受けます。この4人は，最終的に最高裁によって無罪とされ確定しますが（最高裁1968年10月25日判決），それほどに「共犯者の自白」

は危険なのです。憲法は，むりやり嘘の自白をいわされて有罪とされないように，自白が唯一の証拠のときは有罪とされないと規定しています（憲法38条3項）。この証拠上のルールを，補強法則といいます。この補強法則を共犯者にも及ぼして，共犯者の自白だけでは他の「共犯者」とされた者を有罪にできないとすれば，「共犯者の自白」のリスクはかなり防ぐことができます。そこで，学説上このような見解が有力となり，練馬事件でも弁護人から主張されました。しかし最高裁は，次のように述べてこれを否定します。「共犯者の自白をいわゆる『本人の自白』と同一視し又はこれに準ずるものとすることはできない。けだし共同審理を受けていない単なる共犯者は勿論，共同審理を受けている共犯者（共同被告人）であつても，被告人本人との関係においては，被告人以外の者であつて，被害者その他の純然たる証人とその本質を異にするものではないからである」（最高裁1958年5月28日大法廷判決），と。

　この大法廷判決には，6人の裁判官の反対意見が付されています。反対意見は，自白偏重の弊害は，共犯者の場合により大きく，多数意見を認めると，「自白者たる被告人本人はその自白によつて有罪とされないのに，同一犯罪事実を否認している他の共同被告人は却つて右同一自白によつて処罰されるという不合理な結果を来たすとこになる」と指摘しています。

　法廷意見の否定論は，ずいぶんと形式的な理由のようですが，その前段で裁判官の証拠評価が自由であること（自由心証主義といいます）が強調されています。共犯者の自白の危険は，自白の信用性を慎重に吟味すれば足りると考えているのかもしれません。裁判例としては，この練馬事件判決が先例となり，これが今日でも維持されています。

## （2）「謀議」をどこまで特定すべきか？

　もうひとつ，練馬事件判決で，手続上重要なことがあります。それは，この判決が，「『共謀』または『謀議』は，共謀共同正犯における『罪となるべき事実』にほかならないから，これを認めるためには厳格な証明によらなければならない」，とした点です。「罪となるべき事実」とは，有罪判決の必要的記載事項のことで（刑事訴訟法335条１項），証拠能力のある証拠（適式な証拠）で法の定める方式によって証明される必要があるとされました。この点は，実務上も非常に重要です。ただ，判決は続けて，「共謀」の事実が立証されれば，「さらに進んで，謀議の行われた日時，場所またはその内容の詳細，すなわち実行の方法，各人の行為の分担役割等についていちいち具体的に判示することを要するものではない」としました。これは判決書についての判示ですが，判決書がこの程度の特定でいいとなると，起訴状記載の公訴事実（「訴因」といいます）にも，日時等を記載せずたんに「共謀のうえ」と書けばいいことになります。しかしそうなると，現場に行かずに共謀にだけ参加したとされた被告人にとって，公判での防御が難しいものになってしまわないでしょうか。刑事訴訟法にも，起訴状の公訴事実には「できる限り日時，場所及び方法を以て」事実を特定すべきだと書かれています（256条３項）。裁判実務でも，とくに共謀の有無が争点となっているような場合，つまり被告人の防御のうえで共謀の日時・場所などが重大な関心事となっている場合には，この点について，裁判所から検察官に釈明を求めることが行われることが多いようです（刑事訴訟規則208条参照）。

　共謀共同正犯は，実体刑法的にも理論的にすっきりしない点を残していますが，手続法的にも，とりわけ共謀ないし謀議の特定が不十分な場合の立証，そして被告人側の防御に困難な課題を残します。「共謀」という主観的要素によって成り立っている共犯だけに，共犯者の自白の

吟味，情況証拠による共謀の認定など，証拠上の取り扱いにも十分な注意が必要だと思われます。

## 【学習課題】

1. 共犯には，直接犯罪の実行に関与しない共犯もありますが，それなのに刑事責任を問われるのはどのような理由からでしょうか。
2. 共謀共同正犯という共犯形式がありますが，判例がこのような共犯形式を採用したのはなぜでしょうか。また，これまで学説から批判されてきた理由はどのようなものでしょうか。
3. 共謀共同正犯を認めると，刑事手続上どのような問題が生じますか。

## 参考文献

・島田聡一郎『正犯・共犯論の基礎理論』（東京大学出版会，2002年）
・亀井源太郎『正犯と共犯を区別するということ』（弘文堂，2005年）
・村瀬均「共謀（1）――支配型共謀」201頁小林充・植村立郎編『刑事事実認定重要判例50選〈補訂版〉』（立花書房，2007年）201頁

# 7 | 詐欺罪の今日的諸問題

《目標＆ポイント》 詐欺罪は，財産犯の中でも「人を欺く」ことを要素とする個性的な犯罪です。また，時代を反映して新しい詐欺の形態が登場することでも知られています。無銭飲食やキセル乗車の時代を経て，今日では，クレジットカード不正使用，コンピュータ詐欺，振り込め詐欺（特殊詐欺）などが注目されています。それらの理論的課題を検討し詐欺罪成立の限界を探ってみましょう。
《キーワード》 財産犯，欺罔行為，財産上の損害，財産的処分行為

## 1. 詐欺罪の特徴と成立要件

### （1）詐欺罪とはどういう犯罪か？

　刑法典の条文をみていくと，前半は総則的な規定が並んでいますが，第2編の77条から264条まで，個別の犯罪があげられています。これらの犯罪を大づかみに分類すると，法益の種類に応じて個人的法益に対する罪，社会的法益に対する罪，国家的法益に対する罪の3つに分かれます。今回扱う詐欺罪は，このうち個人的法益に対する罪に属します。その中でも，財産的利益に関する犯罪で，財産犯のひとつとされています。財産犯の中では，窃盗罪が最も代表的で，実際の認知件数も圧倒的に窃盗罪が多いのですが，窃盗罪と詐欺罪はどう違うのか，比較してみましょう。詐欺罪の性格・特徴を明らかにするのに有益だと思われるからです。

まず，窃盗は，他人の財物を「盗む」ことをいい，財産犯の中の基本型です。空き巣，スリ，万引きも，刑法上の罪名はすべて，窃盗罪（刑法235条）と一括りに整理されます。これらの犯罪の形態からも分かるように，窃盗罪は被害者が気づかないうちに盗まれる類型だといえます。これに対して詐欺罪は，被害者を欺いて（だまして）財産を奪う犯罪であり，知能犯に区分することができます。被害者がだまされて財産を提供するプロセスが入る犯罪類型ですので，必ず被害者の意思が介在するところにこの犯罪の特徴があるといえます。ただし，被害者はだまされていますから，被害者の「意思」といっても欠陥のある（瑕疵ある）意思だという点に注意する必要があります。窃盗との違いはもうひとつ，詐欺罪が他人の財物のほかに財産上不法な利益を得た場合にも成立するのに対して，窃盗罪は財物に対してしか成立しません。

　ここに財物とは，窃盗罪や詐欺罪（刑法246条1項）の客体のことで，管理可能なものでなければならないと解されています。窃盗罪では不動産は入らず，せいぜい不動産侵奪罪（同235条の2）が成立するだけですが，詐欺罪では，登記を移すなどの手段で他人の不動産を詐取する場合にも詐欺罪は成立します。それだけではなく，詐欺罪は，恐喝罪や強盗罪と同じく，財物のほか財産上不法の利益も対象となります（同246条2項）。財産上不法の利益というのは，借金などの債務の免除，債権の移転のほか，宿泊やサービスなど目に見えない財産上の利益のことをいいます。これらを，人を欺いて得れば詐欺罪になるのです。

　なお，詐欺罪や横領罪，背任罪などの犯罪は，資本主義の発達に伴う市場の広域化，取引の安全の確保などの要請から処罰の必要性が自覚され，各々独立の犯罪類型として認められるようになりました。このような歴史的な沿革もあって，詐欺罪の保護に財産，すなわち個人的法益だけでなく，取引における信義誠実，取引の安全などの社会的法益も詐欺

罪の保護法益に含まれるという主張もありました。しかし，刑法典の編成からも詐欺罪は財産犯として規定されており，取引の安全や信義誠実の問題は，詐欺の実行行為である「人を欺く」行為にあたるかどうかの判断の際に考慮すれば足りると思われます。学説も，詐欺罪の法益については個人的法益に尽きると考えています。

### (2) 詐欺罪の構造

それでは，詐欺罪はどのような要素から構成されているのでしょうか。刑法の条文じたいはシンプルで，「人を欺いて財物を交付させた」とあるだけで，罰則については，このような行為をした者は「十年以下の懲役に処する」とあります。これを手がかりに，学説は次のように整理します。①欺く行為→②被欺罔の錯誤→③被欺罔者の交付行為→④財物・利益の移転，です。注意してほしいのは，①から④までの間に，それぞれ因果関係が必要で，それがなければ詐欺既遂罪にならないということです。それでは，個々の要件について概説していきましょう。

まず，①欺く行為，です。1995年に現行刑法典が口語化される前は，「欺罔(ぎもう)」という言葉が使われていたため，学説では今でも欺罔行為という論者が多いと思いますが，意味は同じです。「欺く」とは，人を錯誤に陥れるような行為をいいます。洋服の試着をして，店員の注意をそらせておいて逃走するのは，欺く行為がありませんから，たんなる窃盗であって詐欺にはなりません。他方で，日常よく経験するのが，商品についての誇大広告，宣伝です。これも行き過ぎると，詐欺罪になる可能性がないわけではありません。ただ，古来より，万病に効くというガマの油売りの口上をはじめ，商売にはある程度の誇張や嘘はつきものともいえますので，大げさな効能の表示を詐欺罪で取り締まるまでの必要はないかもしれません。しかし，詐欺罪にいう「欺く」まで ではないけれど，

度を越した誇大広告は，不当景品類及び不当表示防止法によって罰せられることがあります（同法4条1項，6条，15条1項）。以上は，比較的おとなしい悪質商法ですが，かつての豊田商事事件のような現物まがい商法，投資ジャーナル事件のような投資顧問詐欺，商品先物取引詐欺などは，詐欺罪として立件され処罰されています。商品の品質を誇張するならともかく，偽物を本物と偽って販売したら，これは立派な詐欺商法です。もちろん，処罰されます。

　次に，②被欺罔者の錯誤です。欺かれる人は多くの場合被害者ですので，被害者の錯誤といってもいいのですが，被害者と被欺罔者が食い違うこともあります。会社が被害者で，だまされたのが会社の営業部長だったというような例です。そこで，だまされた人という意味で被欺罔者と呼んでおきます。被欺罔者は，欺く行為の相手方になりますが，かりに欺く行為はなされたが，被欺罔者が欺かれなかったらどうなるでしょうか。この場合は，結果は発生しておりませんので，詐欺未遂罪が成立するにとどまります。欺いた人（欺罔者）の意図は見抜いたうえで，その人を哀れに思って財物を交付した場合も，錯誤にもとづいて財物を交付したわけではありませんので，未遂にしかなりません。また，詐欺罪は人をだます犯罪ですので，機械を操作して金品を手に入れても，窃盗になるのは格別，詐欺罪にはなりません。自動販売機に偽のコインを投入して缶ジュースを取得しても，詐欺ではなくたんなる窃盗です。

　3つめの要件は，③被欺罔者の交付行為です。交付行為というのは，錯誤にもとづいて財物を相手方に占有移転することをいいます。詐欺罪は，財物のほか財産上不法な利益が移転する場合にも成立しますが，その場合には物の交付ではなく財産的利益を移転させる処分行為をすることが要件となります。処分行為とは，欺罔者の債務を免除する意思表示がその典型ですが，財物の交付と比べるとあいまいな点が残ります。そ

こでより明確にするために，学説は処分行為を，(a) 処分意思と (b) 客観的処分行為に分けて考えます。(a) 処分意思は，財産的利益の移転と結果を認識することで，この処分意思が認められなければ，詐欺罪にはなりません。幼児や激しく酩酊している人から債務免除をしてもらっても，処分意思がないと思われますので，詐欺罪にはなりません。(b) 客観的処分行為は，処分権限のある人が行わなければなりません。法務局の登記官吏をだましてAさんの不動産の登記を自分に移しても，登記官吏に不動産の処分権限はありませんから，これも詐欺にあならないのです。

　最後の要件は，④財物・利益の移転です。被欺罔者が錯誤に陥り，財物・利益を交付・処分する行為を行い，それによって財物・利益が犯人に移転する必要があるということです。移転が必要ですので，たとえば，本来価値のある証券を無価値なものだと偽って捨てさせた場合，被欺罔者はその証券を失うという損害は生じますが，財物の移転はありません。しかし，欺く人Mの支配する範囲（たとえば，Mの家）で捨てさせ，被欺罔者が帰ってから証券を拾って取得したような場合は，財物の移転があったとみてよいでしょう。財物・利益の移転のほかに，損害の発生まで必要なのでしょうか。損害発生については，条文にはとくに書かれていませんが，既遂になるには損害の発生が必要だと解されています。ただし，詐欺罪における損害は，財物についていえば，その「物」じたいを損害と考えなければいけません。判例で問題とされた例で説明します。

　被告人は，中風や小児麻痺に効く高価な治療器と偽って，市価2,100円程度のドル・バイブレーター（電気アンマ器）を2,200円で販売しました。財産的には大きな損害はなさそうですが，最高裁1959年9月28日決定は，次のような理由を述べて詐欺罪が成立するとしました。すなわ

ち,「たとえ価格相当の商品を提供したとしても，事実を告知するときは相手方が金員を交付しないような場合において，ことさら商品の効能などにつき真実に反する誇大な事実を告知して相手方を誤信させ，金員の交付を受けた場合は，詐欺罪が成立する」，と。これだけではよく分かりませんが，表示された医学的効能がないことの説明を受けていれば購入しなかった点に財産的損害を認めたということでしょう。被欺罔者の側に，収支決算しても損がなかったとしても，虚偽の情報で購入を動機づけられて代金を支払ったとすれば，それだけで詐欺罪の損害はあったと考えるのが判例・実務であり，学説もこれを支持しています。学説ではこのことを，個別財産の喪失があれば，それだけで損害があったと表現しています。

### (3) 無銭飲食は，いつから詐欺罪になるか？

ここまでみてきた詐欺の成立要件を，無銭飲食を例に検討してみましょう。詐欺罪は，先に述べたように，(恐喝罪のような粗暴犯との対比で)知能犯の中心的存在と呼ばれることが多いのですが，詐欺の代表格のひとつである無銭飲食は，あまり知能的な犯罪ではなさそうです。ただし，典型的な無銭飲食が刑法の詐欺罪になることについてはいいとして，無銭飲食がつねに詐欺になるかどうかは，微妙なケースもあります。次のような例を考えてみましょう。ふだんハンドバッグに財布を入れて外出する女性が，新しく買った別のハンドバッグを提げて外出し，ひとりでレストランに入りました。食事をし，飲食代金を支払うときになって，財布を忘れたことに気がついたとします。この事実を裁判で証明できたと仮定すると，この女性に詐欺罪は成立しません。なぜでしょうか。その理由は，詐欺罪の成立要素①の「欺く」行為がないからです。

では，今度は別の例から，無銭飲食と詐欺の問題を考えてみましょう。

刑期を終えて刑務所を出所したQは，空腹をがまんできなくなったので，所持金を使い果たしてお金がないのに食堂に入り，ステーキとビールを注文しました。食後Qは，店の従業員を呼び，わけを話して警察を呼ぶように頼みました。今回は詐欺罪が成立しそうですが，さきほどの女性のケースとどこが違うのでしょうか。Qの場合，最初から飲食代金を支払うことができないことを分かっているのに食堂に入り，ステーキとビールを注文しています。この時点までは女性のケースと同じですが，Qには後で代金を支払えないことについて認識があります。つまりここに，「人を欺く」意思が認められるのです。女性のケースとは，この点が違います。

　では，女性のケースを少し変えてみましょう。女性は，食事中に財布を忘れたことに気がつきました。しかし，レストランの従業員に話すのが恥ずかしいので，支払いのとき，「知人が近くのブティックで私を待っています。その知人からお金を借りて払いますから待っていてください」と嘘を言ってレストランを立ち去って戻ってこなかったとしたらどうでしょう。この場合だと，詐欺になります。Qのケースとの違いは，この女性は料理を注文するときには欺く意思も行為はありませんでしたが，食後の飲食代金の債務が生じた後に，それを免れるために欺く言動をして立ち去ったことが詐欺に問われることになるのです。つまり，Qには財物（ステーキとビール）の詐欺が，女性には財産上不法の利益（飲食代金債務を免れること）の詐欺が成立する，というわけです。条文でいうと，Qには刑法246条1項の詐欺罪が，女性には2項の詐欺罪が成立します。

## 2．新しい詐欺の形態（１）

### （１）クレジットカードと詐欺

　詐欺罪の基本的性格と構造についての説明はこれくらいにして，ここからはもっと現代的な詐欺の話をしたいと思います。最初は，クレジットカードを使った詐欺罪です。よくあるカード詐欺の手口は次のようなものです。Ｐは，後にクレジット会社との間で決済するだけの資金を調達できる見込みがないのに，それを知りながら家電量販店で高価な家電製品を多数購入し，すぐに転売して現金を手に入れました。ある種，単純な詐欺といえます。家電量販店はクレジット会社から家電代金分の支払いを受けますので，経済的損害はありません。他方，クレジット会社はその分の代金債権をＰに対してもつわけですが，Ｐは最初から支払う意思も能力もありませんから，クレジット会社がこの損害をかぶることになります。このような場合，Ｐに詐欺罪が成立することに争いはありませんが，法律構成をどうするかについては，いろいろと見解が分かれています。一見すると，家電量販店（クレジット会社加盟店）が欺かれて商品を詐取されたようにもみえますが，カード取引の仕組みからいうと，加盟店はカードが形式的に問題なければ客とクレジット決済をし，リスクはクレジット会社が負うことになっています。このカード信用システムが不正に使われる場合を詐欺で処理しようとするのは，詐欺罪のもともとの性格からいって無理ではないか，という学説も有力です。しかし，実務ではＰの行為は加盟店に対する欺く行為であり，加盟店が商品を交付するので，被害は商品，被害者は加盟店と考えます。詐欺罪で何を損害とみるかは難しい問題ですが，この見解は，最終的な経済的損失ではなく，Ｐが加盟店から交付を受けた電化製品それじたいを損害と考えるのです。これに対しては，加盟店は被欺罔者とはいえないのでは

ないか，被害者はクレジット会社ではないかなど，批判もなされています。いずれにしましても，カードシステムに対する不正行為を「詐欺」で対処するのは難しいようです。

　それでは，事案を少し変えて，他人名義のクレジットカードを使って商品を購入した場合に，詐欺になるでしょうか。カードに記載された本人になりすました点は，加盟店との関係では「欺いた」とみることができそうです。最高裁2004年2月9日決定は，他人名義のクレジットカードを使ってガソリンスタンドで給油代金を支払った事案について，次のように述べて詐欺罪を認めました。すなわち，「被告人は，本件クレジットカードの名義人本人に成り済まし，同カードの正当な利用権限がないのにあるように装い，その旨従業員を誤信させてガソリンの交付を受けたことが認められるから，被告人の行為は詐欺罪を構成する」，と。ただ，この被告人は，カード名義人から使用を許されていた可能性があったのですが，本決定は，そのような事情があったとしても，「本件詐欺罪の成立は左右されない」と判示しました。名義人が承諾している場合，誰も財産的損害は受けていません。このような場合にも詐欺罪が成立するとなると，結局は詐欺罪を利用して，クレジットカード取引の安全という社会的法益を守ろうとしているのではないか，という指摘もあります。そして，名義を偽ることをもって詐欺罪に問うという方向性は，他人名義の銀行口座を開設し通帳を入手する行為を詐欺にあたるとした次の判例によって，さらに強まります。次に，この判例をみることにしましょう。

### (2) 預金通帳と詐欺

　問題の被告人は，不正に入手した他人の国民健康保険証を使用して，その他人の口座を開設し，預金通帳（貯蓄総合口座通帳）の交付を受け

ました。この通帳の交付を受けた行為が詐欺罪にあたるとして起訴されたのです。第1審は有罪でしたが，第2審の高裁は，「預金通帳は預金口座開設に伴い当然に交付される証明書類似の書類にすぎず，銀行との関係においては独立して財産的価値を問題にすべきものとはいえないところ，他人名義による預金口座開設の利益は詐欺罪の予定する利益の定型性を欠くから，それに伴う預金通帳の取得も刑法246条1項の詐欺罪を構成しない」として，詐欺罪の成立を否定しました。これに対して，最高裁2002年10月21日決定は，預金通帳が，「それ自体として所有権の対象となり得るものであるにとどまらず，これを利用して預金の預入れ，払戻しを受けられるなどの財産的な価値を有するもの」であり，これを他人名義で預金口座を開設し銀行から交付させる行為は刑法246条1項（財物の詐欺）にあたるとしました。しかし，おそらく問題なのは，通帳が詐欺罪の対象である財物かどうかというより，高裁がいうように，他人名義の口座を開設することが詐欺罪の定型ないし類型にあたらないのではないか，ということだと思われます。預金口座の名義が正しいことは，銀行システムにとって望ましい，というより非常に重要であることはいうまでもありません。他人名義で口座を開設することに対して何らかの法的な規制は必要でしょうし，そのために罰則も整備することが望ましいかもしれません。しかし，そのことから直ちに，本件を詐欺罪で処罰していいとはならないようにも思われますが，どうでしょうか。

　最高裁は，この最高裁決定から5年後，2007年7月17日の決定で，今度は自分名義で預金口座を開設した事案について，後で通帳やキャッシュカードを第三者に譲り渡す予定だったのにこれを銀行に隠していたことを理由に，詐欺罪だと判示しました。その理由は，次のようなものです。「銀行支店の行員に対し預金口座の開設等を申し込むこと自体，申し込んだ本人がこれを自分自身で利用する意思であることを表している

というべきであるから，預金通帳及びキャッシュカードを第三者に譲渡する意図であるのにこれを秘して上記申込みを行う行為は，詐欺罪にいう人を欺く行為にほかならず，これにより預金通帳及びキャッシュカードの交付を受けた行為が刑法246条1項の詐欺罪を構成することは明らかである」，というのです。しかし，詐欺罪を構成することが明らかだといえるでしょうか。たしかに，銀行にとって預金口座の本人確認は重要です。しかしそれは，銀行の経営上の利益のためというよりは，それがマネーロンダリング（資金洗浄）など預金口座が犯罪に利用されないために必要だからです。この種の事案を処罰する刑事政策的な必要性は分かりますが，それを刑法の詐欺罪を使ってやらなくてもいいようにも思われます。どこかで歯止めをかけないと，詐欺罪の成立範囲が大変広いものになってしまうからです。

## 3. 新しい詐欺の形態（2）

### (1) 航空券（搭乗券）と詐欺罪

　自己名義の通帳のケースとほぼ同様の問題が，航空券の譲り渡しというかたちで生じました。これも詐欺罪の成否が問われ，最終的に詐欺になるとされたのです。本当の事件は数名の共犯者がでてくるのですが，事案を単純化して，登場人物を自己名義の航空券を購入したAと，それを譲り受ける予定の外国人Bの2人に絞って検討しましょう。Bは航空機に乗ってカナダに不法入国することを考え，Aに協力を要請します。A・Bの計画は次のようなものです。まずAが，あらかじめ自己名義のカナダ行き航空券を購入して関西空港に行き，空港内のC会社チェックインカウンターで自分のパスポートと航空券を提示し自分が搭乗する本人であるかのように装って，カナダのバンクーバー行き飛行機の搭乗券

を係員から入手したうえ，同空港のトランジット・エリアで待つBにその搭乗券を交付しBが（搭乗者として予約されている）Aとして飛行機に乗り込み，カナダに不法入国する，というものです。実際に以上の計画が実行に移されますが，途中で発覚します。詐欺罪が問題となったのは，Aがその計画を秘し搭乗券の請求をすることが，詐欺罪の「人を欺く」行為にあたるのではないか，という点です。

最高裁2010年7月29日決定は，航空会社における本人確認の航空運送事業における重要性を強調したうえで，詐欺罪にあたるとしました。まず，本券搭乗券の請求があったときの手続について，「本件係員らは，搭乗券の交付を請求する者に対して旅券と航空券の呈示を求め，旅券の氏名及び写真と航空券記載の乗客の氏名及び当該請求者の容ぼうとを対照して，当該請求者が当該乗客本人であることを確認した上で，搭乗券を交付することとされていた」が，その理由は，「航空券に氏名が記載されている乗客以外の者の航空機への搭乗が航空機の運航の安全上重大な弊害をもたらす危険性を含むものであったことや，本件航空会社がカナダ政府から同国への不法入国を防止するために搭乗券の発券を適切に行うことを義務付けられていたこと等の点において，当該乗客以外の者を航空機に搭乗させないことが本件航空会社の航空運送事業の経営上重要性を有していたから」だとします。したがって，「本件係員らは，搭乗券の交付を請求する者がこれを更に他の者に渡して当該乗客以外の者を搭乗させる意図を有していることが分かっていれば，その交付に応じることはなかった」のであり，これらの事情のもとで，「搭乗券の交付を請求する者自身が航空機に搭乗するかどうかは，本件係員らにおいてその交付の判断の基礎となる重要な事項であるというべきであるから，自己に対する搭乗券を他の者に渡してその者を搭乗させる意図であるのにこれを秘して本件係員らに対してその搭乗券の交付を請求する行為

は，詐欺罪にいう人を欺く行為」にあたると判示しました。

　最高裁が重視したのは，航空会社の財産的損害ではなく，「本件航空会社の航空運送事業の経営上の重要性」です。その中身として本決定は，航空券記載の者以外の者の搭乗を認めることによる，①航空機の運航の安全上重大な弊害をもたらす危険性の防止と，②カナダへの不法入国の防止をあげていますが，重要なのは①航空機の運航上の安全性でしょう。ここでいう危険性とはハイジャックなどの危険性を指すと思われますが，そのような危険を防止し航空機の運航の安全を確保することは，航空会社の経営にとって重要なことだというのは，そのとおりだと思われます。ただ，これを詐欺罪でカバーすることについては，銀行の通帳詐欺のときと同様の問題点がありますが，最高裁はBに搭乗券を譲る事情を隠してこれを請求した行為を「人を欺く」行為と判断したのです。

　なお，理論的にみて注目される点として，本決定が，人を欺く行為とは，「その交付の判断の基礎となる重要な事項」を偽ることだと明示したことです。この事件で何が重要かについては上述しましたが，次にあげるゴルフ場詐欺事件の最高裁判例でも，「判断の基礎となる重要な事項」について欺罔があったか否か，というかたちで検討が加えられており，今後このような判断枠組みが用いられることが多くなるかもしれません。

### (2) ゴルフ場利用客と詐欺罪

　2014年3月28日，最高裁はゴルフ場の利用に関して暴力団関係者であることを告げないことが詐欺になるかが問題になった2つの事件について，ひとつを無罪，ひとつを有罪とする裁判を言い渡しました。無罪判決のほうは宮崎県のゴルフ場における事件ですので宮崎判決，有罪の控訴審を是認した決定のほうは長野県のゴルフ場における事件ですので，長野決定と呼んで区別することにしましょう。

まず，宮崎判決からです。暴力団関係者であるビジター利用客は，暴力団関係者であることを申告せず，一般の利用客と同様に，氏名を含む所定事項を偽りなく記入した「ビジター受付表」等をフロント係の従業員に提出して施設利用を申し込みました。これが詐欺罪にいう「人を欺く」行為といえるかという点について，宮崎判決は，この申し込む行為じたいは，「申込者が当該ゴルフ場の施設を通常の方法で利用し，利用後に所定の料金を支払う旨の意思を表すものではあるが，それ以上に申込者が当然に暴力団関係者でないことまで表しているとは認められない。そうすると，本件における被告人及びDによる本件各ゴルフ場の各施設利用申込み行為は，詐欺罪にいう人を欺く行為には当たらないというべきである」，として無罪にしたのです。

　他方，長野決定ですが，登場人物は2人，かりにFとMとしておきます。Fが暴力団員で，Mは長野県内のRゴルフ倶楽部の会員です。この倶楽部は，そのゴルフ場利用約款等により暴力団員の入場及び施設利用を禁止していました。Mは同伴者としてFのゴルフ場の施設利用を申し込み，2人でこのゴルフ倶楽部でプレーしましたが，それが刑法246条2項の詐欺罪にあたるとされ，FとMは詐欺の共謀共同正犯として起訴されたのです。長野決定は，人を欺く行為にあたるか否かの「判断の基礎となる重要事項」は何かについて，次のように判示しました。すなわち，「利用客が暴力団関係者かどうかは，本件ゴルフ倶楽部の従業員において施設利用の許否の判断の基礎となる重要な事項であるから，同伴者が暴力団関係者であるのにこれを申告せずに施設利用を申し込む行為は，その同伴者が暴力団関係者でないことを従業員に誤信させようとするものであり，詐欺罪にいう人を欺く行為」にあたるとされ，「これによって施設利用契約を成立させ，Mと意を通じたFにおいて施設利用をした行為」は，246条2項の「財産上不法な利益」を得た行為であると

されました。

　この長野決定は，2010年の最高裁決定（航空券詐欺）とは違って，問題のゴルフ倶楽部が将来経営的に（したがって，経済的にも）損害をこうむることを考慮することなく，同伴者が暴力団関係者であることを申告せずに施設利用を申し込む行為を直ちに「人を欺く行為」にしているようにも読めます。しかし，経営上この問題が重要であることは明らかですので，とくに言及しなかっただけかもしれません。

　さて，宮崎判決と長野決定で正反対の結論になりましたが，どちらのゴルフ場も利用規則・約款には暴力団関係者の利用を許可しない旨の規定をもち，施設に立て看板も設置して周知していたといいます。結論を分けたのは，ゴルフ場利用者に暴力団関係者でないことを確認する措置がとられていたかどうかだったようで，長野のゴルフ場では暴力団関係者をデータベース化して予約時か受付時にチェックしていたことが大きかったと考えられます。ゴルフ場がどこまで対策を徹底していたかで，結論が分かれたかたちになりました。

## 4. 詐欺の故意の立証について

　最後に，詐欺罪の故意の立証が問題になったケースを紹介しましょう。詐欺の一種に福祉詐欺というのがあります。その態様はいろいろですが，「恵まれない人の援護をしておりますので寄付をお願いします」と言って寄付金を集める例がその典型といえます。もちろん，集めた寄付金を本当に恵まれない人たちに届けたら詐欺にはなりません。しかし，当初から詐欺目的であれば，善意の募金を受け取った段階で詐欺の既遂になります。問題は，善意の福祉活動とどう見分けるかです。事実認定に関してよく参照されるのが，これから紹介する最高裁1966年11月22日決定

です。詐欺罪で起訴された被告人は，一度は宗教団体の信者になって福祉活動をした経験をもっています。その後これに失敗し，収入の途が途絶え，食費にも困るようになります。そのころ，「社会福祉援護会会長Ｗ」などのゴム印などを用意し実在しない援護会の名前を用いて，「恵まれない……」と言って金融機関等をまわって寄付金を集めたという事件です。集められたお金はすべて被告人が自分の生活費に使ってしまい，詐欺罪（福祉詐欺）で起訴されるのですが，公判になって被告人は福祉目的で活動したのであり，詐欺の故意はないといって争いました。

　このような場合，被告人の内心を直接証明するのは自白ですが，自白がないときは情況証拠で証明するほかありません。集めたお金を寄付せず，すべて私的に使ったという事実も詐欺の故意を認める重要な情況証拠ですが，理論的には，寄付集めのときは本当に福祉目的だったとしたら詐欺の故意は認められません。この事件の被告人には，実は同種の詐欺の前科がありました。その前科のために執行猶予つきの判決を受け，今回の事件もその執行猶予中に行われたものだったのです。前科を情況証拠にすると裁判官に予断をいだかせるため，前科は一般に証拠として使うことはできません。しかし，この事件のように同種事件の前科のときは，客観的な行為が別途証明されていることを条件に，例外的に認められています。高裁は，前科も証拠にあげて被告人を有罪にしましたが，最高裁も，「犯罪の客観的要素が他の証拠によつて認められる本件事案の下において，被告人の詐欺の故意の如き犯罪の主観的要素を，被告人の同種前科の内容によつて認定した原判決に所論の違法は認められない」として高裁の判断を是認しました。

　最後に，福祉詐欺という素朴な詐欺類型に戻ったところで，本章を終えることにしましょう。詐欺という犯罪は，今日の振り込め詐欺がそうであるように，時代を反映し時代とともに新しいかたちを生み出してき

ました。刑法が時代に追いつくには，どのような解釈が必要か，あるいは立法的手当てがなされたほうがいいのか。このような課題を考えるうえで，詐欺罪は格好の素材を提供してくれます。

### 【学習課題】

1. 詐欺罪は，窃盗罪と比べてどのような特徴がありますか。
2. 詐欺罪はどのような要素から構成されていますか。それらはすべて，条文に書かれていますか。
3. 詐欺罪で，欺かれる人と被害者が食い違うときがありますか。それはどのような場合ですか。
4. 詐欺罪が成立するのに財産的損害は必要ですか。それが重視されない場合として，どのような場合が考えられますか。

### 参考文献

・橋爪隆「詐欺罪成立の限界について」『植村立郎判事退官記念論文集』1巻（立花書房，2011年）175頁
・山口厚「詐欺罪に関する近時の動向について」研修794号3頁
・松宮孝明「詐欺罪と機能的治安法――ゴルフ場詐欺事件および近年の諸判例を手掛かりにして――」浅田和茂ほか編『生田勝義先生古稀祝賀・自由と安全の刑事法学』（法律文化社，2014年）361頁
・木村光江『詐欺罪の研究』（東京大学出版会，2000年）

# 8 | 放火と公共の危険

《**目標＆ポイント**》　公共危険犯として放火罪は，大変重い刑が科されます。今日，新しい難燃性建物に放火罪はどう適用されるか，公共の危険の発生が予見できなかった場合にも重罰を科していいかなど新しい課題も登場してきています。これらについて，どのような解決方法がありうるか，検討することにしましょう。
《**キーワード**》　公共危険犯，焼損，独立燃焼説，公共の危険

## 1．放火罪の性格

### （1）社会的法益に対する罪と放火罪

　犯罪には，個人の法益を害する罪と社会や国家の法益を害する罪があります。殺人や窃盗，詐欺などは個人の法益を侵害することから罰せられる犯罪です。同様に，他人の住む建造物を破損する行為も，個人の法益，この場合は建物の所有権を害する罪です（刑法260条）。それでは，他人の住居に放火する罪も同じでしょうか。この場合も，他人の財産（建物）に対する犯罪のようにも見えます。しかし，もしそうであるなら，自分が所有する建物に放火しても罪にならないはずですが，そうはなっていません。やはり，刑は少し軽くなりますが，放火罪で処罰されます。しかも，放火罪は，他人の財産を奪ったり損壊する場合と比較して，刑罰は最高で死刑があるなど，著しく重くなっています（刑法108条）。放火罪が重大な犯罪であることは，放火予備が犯罪として処罰されること

(刑法113条），過失で犯される失火，業務上失火も処罰されること（同116条，117条の2）からも明らかです。

　このように，放火罪が重く処罰される理由は何なのでしょうか。それは，放火罪がたんに個人の住居に損害を与えるだけでなく，社会公共の危険を生じさせるからなのです。つまり，放火罪は，個人の利益を超えて，もっと広がりのある大きな法益を害する犯罪なので，重く罰せられるのです。言い換えると，放火は，火力により建造物その他のものを焼損する犯罪ですが，それによって不特定または多数人の生命，身体，財産に対する危険を生じさせるから，刑罰が重いのです。とくに日本では，建築物の素材，構造の問題もあって，ひとたび火災が起きると延焼が広い範囲に及び，その地域が壊滅的な打撃を受けることも歴史上まれなことではありませんでした。江戸時代，八百屋お七の放火が有名ですが，お七はこの罪で，火あぶりの刑に処せられています（1683年）。現在とは比べものにならないくらいに延焼のおそれは大きく，何度も大火事で江戸の町並みが消失した当時の時代背景を考えると，放火に火あぶりの刑というのは，当時としてはそれなりに理由のあるサンクションだったのかもしれません。

　ただ，木と竹と紙でできていたといってもいい江戸の住宅と違って，人の集まる施設へのスプリンクラーの設置の義務付けや耐火建築の普及など，今日の住宅は燃えにくく，相対的には安全度を増したものになっています。放火によって生じる「公共の危険」も，現行刑法がつくられた明治時代とは比べものにならないほど小さくなっているのではないでしょうか。そうだとすると，立法の問題としては，刑法の放火罪の罰則を見直すことも必要でしょうし，法解釈の場面においても，「公共の危険」が生じたかどうかの判断は慎重にすべきであるように思われます。

### (2)「焼損」の意味

　放火罪という犯罪行為の中核は、「焼損」です。火を放って、住宅などの客体を「焼損」することで放火罪は成立します。「放火して」、しかし「焼損」にいたらなければ放火未遂にしかなりません（刑法112条、108条、109条1項）。失火罪については、未遂が処罰されませんので、「焼損」が認められなければ犯罪として成立しません。では、この「焼損」の意味をどう解すればいいでしょうか。この点について、学説上、古くから論争がありました。主張されている見解としては、①独立燃焼説、②効用喪失説、③燃え上がり説、④一部損壊説などがあり、判例は従前より①説をとってきました。次に、それぞれの見解をみていくことにしましょう。

　①独立燃焼説は、火が媒介物を離れて目的物に燃え移り独立して燃焼を継続する状態になったときに焼損を認める見解です。最高裁1948年11月2日の判決もこの見解をとり、被告人が「家屋の押入内壁紙にマッチで放火したため火は天井に燃え移り右家屋の天井板約一尺（30センチ）四方を焼燬した」事実を認定したうえ、この事実から「火勢は放火の媒介物を離れて家屋が独立燃焼する程度に達したことが認められる」ので、刑法108条の放火既遂罪が成立すると判示しました。この説は、目的物が独立に燃焼を続ける状態になれば公共の危険が発生するというのですが、その実質的根拠として、わが国の住宅の大部分が従来から木造であることから火力による脅威を覚えることがあげられています。その根拠じたい、今日維持できるのか疑問がもたれるところですが、何よりも既遂になる時期が早すぎるという批判を浴びてきました。

　②効用喪失説は、火力によって目的物の重要部分が焼失しその効用を失った時点に焼損を認める見解です。独立燃焼説の欠点とされる早すぎる既遂時期を遅らせることができる点はメリットですが、この説に対し

ては、あまりにも財産犯的な側面が重視されているという批判のほか、放火客体が、その効用を喪失するにいたる程度に焼失する前に公共の危険が発生しているのでは、といった批判がなされています。

③燃え上がり説は、建物などの客体の重要部分が燃焼を開始した（燃え上がった）ことをもって焼損があったと理解するもので、焼損という日本語の語感に合致して自然であるとして主張されてきました。しかし、「燃え上がる」「建物等の重要部分」という概念が不明確であるとの批判、燃え上がらない建造物の場合の説明がつかない、などの批判を受けています。

④一部損壊説は、効用喪失説を出発点として、効用喪失の程度を下げ、火力によって目的物が毀棄罪（建造物損壊罪や器物損壊罪など）の損壊の程度に達したら焼損になると主張するものですが、②説と同様に、なぜ財産罪の基準をここにもってくるのか説明がつかないという批判がなされています。

結局、どの説にも理論的な難点があり、決め手に欠ける状態です。そして、①独立燃焼説が長いこと判例として君臨してきたこともあってか、最近の学説は①説を支持するものが多いようです。

### (3) 難燃性建物と「焼損」

「焼損」に関する諸学説は、ほぼ以上に尽きるのですが、近年の建築技術の発達により、いわゆる難燃性建造物が登場するに及んで、木造建物の場合とは違った「焼損」概念が必要だという主張（新効用喪失説）がなされるようになりました。この見解は、次のように言います。最近の難燃性建物は、不燃性（難燃性）建材を用いたり、コンクリート造りの住宅であったりするため、媒介物の火力によって建物が独立燃焼はしないものの、有毒ガスが発生し、あるいはコンクリート壁が崩落する事

態が生じてきました。このようなケースには，木造家屋を念頭においた独立燃焼説で対処できないので，独立燃焼がなくても，媒介物の火力により建造物を損壊し，公共の危険を生じさせることもあるから，この場合のように媒介物の火力により建物が効用を喪失した場合も「焼損」と解するべきだ，と主張するのです。しかし，多くの学説は，この新効用喪失説の「焼損」概念の理解が現行法の枠を超えており，罪刑法定主義に反するとして批判しています。今日，同説は支持されていません。

　この論点が問われた判例を紹介しましょう。被告人は，現住建造物放火罪で起訴されますが，放火の対象となったのは，12階建てマンション内部に設置されたエレベーターのかごで，その内側側壁で，使用されている化粧鋼板の表面約0.3平方メートルを燃焼させたというものです。検察官は，新効用喪失説にたって，現住建造物放火罪が成立すると主張しました。犯行方法は，ガソリンを染みこませた新聞紙をエレベーターのかごの中で燃やしたというもので，新聞紙からエレベーターの側壁が独立燃焼したといえるか微妙な事案ではありました。

　原審である札幌高裁1988年9月8日判決は，独立燃焼説をとった最高裁1948年11月2日判決を引用したうえで，次のように判示しました。まず，本件エレベーターのかごの側壁は，「厚さ1.2ミリメートルの鋼板の内側に当たる面に商品名フルオールシートなる化粧シートを合成樹脂粘着剤（アクリル系樹脂）で貼りつけた化粧鋼板でできているところ，……（中略）フルオールシートそのものは可燃物であり，ある程度の高温にさらされると，溶融し，気化して燃焼し，その際生じる炭化物も最後には焼失するものであることが認められる」とし，本件においては，「被告人が放火した，新聞紙等にしみたガソリンの火気による高温にさらされた結果，かごの南側壁面中央部下方約0.3平方メートルの部分において，壁面表面のフルオールシートが溶融，気化して燃焼し，一部は

炭化状態となり，一部は焼失したことが明らかである。そうである以上，建造物たる本件マンションの構成部分である本件エレベーターのかごの南側側壁の一部（すなわち建造物の一部）が媒介物であるガソリンから独立して燃焼したと認めるに十分である」としました。上告審である最高裁1989年7月7日決定は，「エレベーターのかご内で火を放ち，その側壁として使用されている化粧鋼板の表面約0.3平方メートルを燃焼させたというのであるから，現住建造物等放火罪が成立するとした原審の判断は正当である」として，札幌高裁の判断を是認しています。

　学説は，独立燃焼説にたったとしても，焼損を認めるためには「ある程度の燃焼継続可能性」が必要だと解されるところ，この事案にそれがないのではないか，として批判しています。処罰されるべき犯行ではあっても，法文の意味から離れたところで処罰することになれば，やはり罪刑法定主義違反となります。刑法の解釈は，あまり柔軟すぎてはいけないのです。

## 2.「公共の危険」とその認識

### (1)「公共の危険」の意味

　放火罪は，公共の危険に対する罪だとされていますが，実は，刑法典の条文には「公共の危険」が必要とされている犯罪とそうでない犯罪とがあります。最も重い現住建造物放火罪（刑法108条），他人所有の非現住建造物放火罪（同109条1項）は，最初に述べました公共の危険をすでに内在した犯罪なので，とくに公共の危険を要件としていませんが，それ以外の放火罪，すなわち自己所有の非現住建造物放火罪（同109条2項）及び建造物以外の物の放火罪（同110条）については，刑法は明文で「公共の危険」を犯罪成立の要件としています。刑法学では，前者

を抽象的公共危険犯，後者を具体的公共危険犯と呼びます。後者の場合，たとえば自己所有の住宅に放火しても，犯行が公共の危険を生じさせないような離島や人里離れた奥地で行われたときは，放火罪は成立しないのです。前者の抽象的公共危険犯の場合は，108条，109条1項の建造物等に放火したことじたい，公共の危険を生じさせるものだと法が擬制（反証を許さない推定）したものだと解され，抽象的にですが，公共の危険はあったとみなされるのです。ただし，今日の有力学説は，この場合の公共の危険はたんに推定されているだけであり，たとえば荒野の一軒家に放火したような場合は，抽象的公共の危険もないから，放火罪は成立しないと考えています。

　いずれにしても，放火罪が成立するためには「公共の危険」の発生が要件になるのですが，その中身をどのようなものと考えたらいいのでしょうか。これには，対立する2つの見解があります。第1の見解は，「公共の危険」を，刑法108条，109条にあげられている建造物，艦船などへの延焼の危険とみる立場です。延焼の範囲をこの2つの条文に掲げられている対象に限ることから，限定説と呼ばれています。これに対して，対象を限定せずに，不特定または多数人の生命・身体・財産を侵害する危険と解する立場があります。とくに範囲の限定をしない見解ですので，非限定説と呼ばれています。限定説は，放火罪における公共の危険とは，刑法108条，109条にあげられている物件への延焼を通じて不特定または多数人の生命・身体・財産を侵害する危険犯であると考えます。延焼の危険以外では，公共の危険は発生しないと考えるのです。この立場にたつ古い判例もいくつか存在します。

　しかし，非限定説からは，限定説によると放火罪成立の範囲が不当に狭くなる，との批判がなされています。ここで引かれる例として，新宿バス放火事件があります。バスに放火して全焼させた事案について，東

京地裁1984年4月24日判決は，約30名乗り合わせていた「乗客らの生命を危殆に瀕せしめて公共の危険を生じさせ」た，と認定しました。この事件では，延焼はとくに問題にはならず，バスの中に乗っていた乗客の生命・身体への危険が問題にされました。実際にこの事件では，5名の死者と多数の負傷者がでました。限定説の論者は，この事件の場合，放火罪を問うのではなく，生命，身体に対する罪（殺人，殺人未遂）を問うことで対応すべきだと主張します。非限定説および東京地裁は，殺人等の罪責を問うことはもちろんですが，乗客に危険を生じさせた本件のような事案について放火罪の成立を否定するのは不合理だと考えるのです。

### (2) 最高裁2004年4月14日決定

　新宿バス放火事件は下級審の裁判例でしたが，比較的新しい最高裁判例に，非限定説をとった重要判例がありますので，これを紹介します。

　事案は，被告人が，妻と共謀の上，長女が通学する小学校の担任教諭が所有する自動車に放火しようと計画し，夜の9時50分頃，小学校教職員用の駐車場に無人でとめられていた被害者の車両に対し，ガソリン約1.45リットルを車体のほぼ全体にかけたうえ，これにガスライターで点火して放火した，というものです。周辺の状況ですが，本件駐車場は市街地にあって，公園及び他の駐車場に隣接し，道路を挟んで本件の小学校や農業協同組合の建物に隣接する位置関係にありました。また，事件当時，被害車両の近くには，被害車両の持ち主以外の者が所有する2台の自動車が無人でとめられており，うち1台（第1車両）は被害車両の左側部から西側へ3.8mの位置に，他の1台（第2車両）は第1車両の左側部からさらに西側へ0.9mの位置にありました。被害車両の右側部から東側に3.4mの位置には，周囲を金属製の網等で囲んだゴミ集積場

が設けられており，本件当時，同所に一般家庭等から出された可燃性のゴミ約300kgが置かれていたといいます。

　犯行時，被害車両には，ガソリン約55リットルが入っていましたが，放火により被害車両から高さ約20ないし30cmの火が上がっているところを，たまたま付近に来た者が発見し，その通報により消防車が出動し，消火活動により鎮火しました。消防隊員が現場に到着したころには，被害車両左後方の火炎は，高さ約1m，幅約40ないし50cmに達していたといいます。

　被告人は，刑法110条の建造物以外放火の罪で起訴されましたが，同条にある「公共の危険」が発生していないと主張して争いました。これに対して，最高裁2003年4月14日決定は，次のように判示してこの主張を退けました。すなわち，「同法110条1項にいう『公共の危険』は，必ずしも同法108条及び109条1項に規定する建造物等に対する延焼の危険のみに限られるものではなく，不特定又は多数の人の生命，身体又は前記建造物等以外の財産に対する危険も含まれると解するのが相当である。そして，市街地の駐車場において，被害車両からの出火により，第1，第2車両に延焼の危険が及んだ等の本件事実関係の下では，同法110条1項にいう『公共の危険』の発生を肯定することができるというべきである」，と。

　最高裁は，はっきりと非限定説にたつことを明言しました。それはいいとして，この事案で，「公共の危険」がはたして発生したといえるのか，疑問もだされています。もちろん，証拠にもとづいて現場の状況を正確に把握しないで判断するのは危険ですが，駐車場が住宅地とかなり離れており，無人の2台の自動車とゴミ集積場にしか被害が及ばないのであれば，公共の危険を否定する余地もあったようにも思われます。

## (3)「公共の危険」の認識

　具体的公共の危険については，別の問題もあります。それは，「公共の危険」を認識しないまま放火した場合について，放火罪が成立するかどうか，という問題です。これには「公共の危険」の認識必要説と不要説の対立があり，学説上，必要説が多数説です。刑法110条1項をみると，建造物等以外の物を焼損して，「よって公共の危険を生じさせた者」と書かれており，「公共の危険」は結果的に発生すれば足りるようにも読めます。不要説は，これを根拠のひとつにするのですが，そうすると，110条2項の罪について不当な結果になってしまいます。110条2項は，自己の所有物を焼損し公共の危険を生じさせた場合に，1年以下の懲役または10万円以下の罰金を科すと規定しています。自分の所有物を焼損することじたいは犯罪ではありませんから，不要説によると，109条2項や110条2項は故意によらない公共危険の発生を理由に処罰されることになり，しかも失火による延焼の罪（116条）より重い刑罰を科すことになってしまいます。このようなことから，学説の通説は必要説にたつのです。

　判例は，大審院の時代から不要説にたちます。その代表的な判例として，バイク燃焼事件があります。まず，事実関係を紹介しましょう。被告人は，対立する暴走族グループのA・Bらのオートバイを焼損して破壊しようという計画をたて，配下のCに「Aらの単車を潰せ」，「燃やせ」，「俺が許可する」，「Bの単車でもかまわない」，「皆に言っておけ」などと言い，Cもこれを承諾しました。Cはその翌日，D，Eに対して被告人から命じられた指示を伝えました。こうして順次共謀が成立し，実行犯のD，Eは，K宅1階応接間南側のガラス窓から約30センチメートル離れた軒下に置かれたB所有の自動二輪車（バイク）のガソリンタンク内からガソリンを流出させ，これに持参したライターの火で点火し，バ

イクに火を放ち，よって同バイクのサドルシートなどを順次炎上させて同車を焼損し，K方家屋に延焼させて，公共の危険を生ぜしめた，とされたものです。被告人は，Cに指示をだしたが，公共の危険（延焼）の認識を欠くので建造物等以外放火の共謀共同正犯は成立しないと主張しました。

　最高裁1985年3月28日判決は，「刑法110条1項の放火罪が成立するためには，火を放つて同条所定の物を焼燬する認識のあることが必要であるが，焼燬の結果公共の危険を発生させることまでを認識する必要はないものと解すべきである」として，被告人の主張を退けました。ただし，この判決には，谷口正孝裁判官の反対意見が付されています。谷口意見は，「私は，刑法110条1項の罪の成立については，多数意見と見解を異にし，公共の危険の発生することの認識を必要とするものと考える」としています。ほかにも，下級審ですが必要説にたつ裁判例もあり，この論点はなお終息していないとみるべきでしょう。

## 3．人の現住性をめぐって

### （1）人が現住する建物と放火罪

　放火の際に，対象となる建造物を「現に人が住居に使用」（現住性）しているか，建物に「現に人がいる」（現在性）場合は，現住建造物放火の罪が成立し，最高刑には死刑があげられています（刑法108条）。これに対して，「現に人が住居に使用せず，かつ，現に人がいない建造物」の場合，非現住建造物放火罪の罪として，2年以上の有期懲役に処せられます（同109条1項）。人の現住性または現在性の有無によって，法定刑に大きく差があるのはどうしてでしょうか。異論はありますが，最近は，現住建造物放火罪の場合，延焼による公共の危険のほかに，建造物

内部にいる人に対する危険を引き起こしたからだ，と説明されることが多いようです。問題はその認定です。現在性のほうは，現に人が建物の中にいるかどうかの話なので，その認定にさほど困難はないと思われます。これに対して，現住性については，種々問題があります。一番シンプルに，犯人が1人住まいの自分の住居に放火しても，108条の現住建造物放火にはならず，公共の危険が発生した場合にかぎり，109条2項の自己所有建造物放火罪が成立するにとどまります。しかし，家族と共同生活していて，自分以外の家族が温泉旅行にでかけたあとで放火したような場合であれば，なお現住性は存在しています。ただし，大審院の判例で，両親を殺害した後に放火した事件について，「被告人はその父母を殺害したる後，その犯跡を覆わんがため即時［死亡した父母］の死屍の横たわる家屋に放火してこれを焼損したのであるから，所論のごとく被告人の所為は刑法第109条に該当する」（原文は片仮名文語体）として非現住建造物放火罪で処断したものがあります（大審院1917年4月13日判決）。現住性の認定は，刑が重く加重されていることからも分かるように，建物内部の人に対する危険性が重視されるもので，殺害されてしまえば，「危険性」の考慮が不要になるのです。それでは，離婚がらみの夫婦間のトラブルで発生した，次の放火事件はどう考えたらよいでしょうか。

　事案は，夫と破綻状態にあった妻が自分と子どもの身の回りのものを持って立ち去った後に，夫である被告人が自宅に放火したというもので，現住性の有無が裁判の争点になりました。東京高裁1979年12月13日判決は，妻子の現住性を肯定し，現住建造物放火罪の成立を認めました。東京高裁が考慮した事実関係は，以下のような点です。まず，被告人と妻C子は，「緊迫した離別の危険をはらむ夫婦生活の破綻状態があった」ものであるが，「C子としては，被告人に愛想をつかし，離婚のことを

真剣に考慮する反面において，被告人が酒を慎しみ，乱暴をやめて，まじめに仕事をしてくれるならば，再び被告人のもとに戻ってもよいとする考えを気持の中に残していたというのがその偽らぬ心情であったと考えられる。一方，被告人の側をみると，……C子が荷物を取りに来たさいに，腹立ちまぎれに，いつでも離婚の判を押してやるなどと言いながら，たんすの中の衣類等を放り出すようにしてC子と子供の身の廻り品の殆どすべてを持たせて帰したものの，みずから気持のいらだちをおさえることができず，外出して飲酒を重ねたのであるが，その間，外出先の飲食店からI方に電話をかけ，直接妻と話をすることによって妻の真意を確かめようとした事実が認められるのである。かようにして，被告人とC子とは，その夫婦としての共同生活の破綻から，双方の感情に激しい動揺と曲折をくりかえし，本件犯行の行われた日の前日からは，寝食の場所を異にするほどの険悪な状況に立ちいたってはいたが，なお，双方ともその気持の真底から従前の家庭生活を清算して離別するか又は長期間別居しようとするまでの意思を固めていたものとはみられない」，と認定しています。とくに，C子については，「被告人の応答と出方によっては，被告人のもとに戻ってこれとの共同生活を続ける意思を気持の一隅に保有していた様子を十分うかがい知ることができるのであって，かかる以上，被告人による放火の対象となった本件建物は，右犯行の行われた時点においてC子と子供2人の衣類，調度品等の殆どすべてが他に運び去られていたとしても，その数時間前まではこれらが同女らの居住に伴う生活用具として相応の場所に存在する状態が長く継続していた経過ともあいまって，右犯行の当時においても依然被告人の妻であるC子とその子供2人の住居たる性質を失うにいたっていなかったものと解するのが相当といわなければならない」，と。揺れる夫婦の機微に踏み込んでC子が被告人のもとに戻ってくる可能性を肯定し，だから現

住性はある，との結論にいたったのです。裁判所としてここまで詳述する必要があったのかという疑問もありますが，結論的には現住性を認めざるを得ないケースであったように思われます。

### （2） 最高裁1997年10月21日決定

　ここまでみてきたように，裁判所は概して，現住性を広く認める傾向にありますが，その傾向に拍車をかけたのが，最高裁1997年10月21日決定です。事案は，転売目的で購入し競売手続を妨害するために居住しているように種々装った家屋を保険金目的で放火したというもので，被告人は現住性を争いました。最高裁は，「本件家屋は，人の起居の場所として日常使用されていたものであり，右沖縄旅行中の本件犯行時においても，その使用形態に変更はなかったものと認められる」といって現住建造物放火罪を認めました。被告人が現住性を装うために行った方策は，次のとおりです。

　①本件家屋及びその敷地は，被告人が転売目的で取得したものであるが，風呂，洗面所，トイレ，台所等の設備があり，水道，電気，ガスが供給されていて，日常生活に最低限必要なベッド，布団等の寝具のほか，テーブル，椅子，冷蔵庫，テレビ等の家財道具が持ち込まれていた。

　②被告人は，本件家屋及びその敷地に対する競売手続の進行を妨げるため，人がそこで生活しているように装うとともに，防犯の意味も兼ねて，自己の経営する会社の従業員5名に指示して，休日以外は毎日交替で本件家屋に宿泊に行かせることとし，本件家屋の鍵を従業員2名にそれぞれ所持させたほか，会社の鍵置き場に鍵1個を掛けて，他の従業員らはこれを用いて本件家屋に自由に出入りできるようにした。

　③その結果，1991年10月上旬頃から同年11月16日夜までの間に十数回にわたり，従業員5名が交替で本件家屋に宿泊して，近隣の住民の目か

ら見ても本件家屋に人が住み着いたと感じ取れる状態になった。

　④他方，被告人は，本件家屋及びこれに持ち込んだ家財道具を焼損して火災保険金を騙取しようと企て，Hが本件家屋に放火する予定日前の同年11月19日から従業員5名を2泊3日の沖縄旅行に連れ出すとともに，その出発前夜に宿泊予定の従業員には，宿泊しなくてもよいと伝え，留守番役の別の従業員には，被告人らの留守中の宿泊は不要であると伝えたが，これらの指示は，本件家屋への放火の準備や実行が従業員らに気付かれないようにするためであった。

　⑤また，被告人は，従業員らに対し，沖縄旅行から帰った後は本件家屋に宿泊しなくてもよいとは指示しておらず，従業員らは，旅行から帰れば再び本件家屋への交替の宿泊が継続されるものと認識していた。また，被告人は，旅行に出発する前に本件家屋の鍵を回収したことはなく，その1本は従業員が旅行に持参していた。

　以上です。最高裁は，従業員らが沖縄旅行に行っていたものの，留守役の従業員に「宿泊は不要」と言っただけで，鍵の回収をしていなかった，つまり従業員が指示に反して宿泊する可能性が皆無ではないことを重視したのかもしれません。しかし，沖縄旅行と留守役への指示がだされた時点で，この住居に住居としての実体（寝起きの場所）がなくなっている点を重視すれば，現住性はすでに喪失しているともいえそうです。このように，本決定に対しては，賛否それぞれの立場から議論がなされています。

### （3）防火構造と非現住性

　最後に，今日の集合住宅が，外観上は一体にみえても，建物の一部が独立性・耐火性の高い場合に，その部分に放火したことが建物全体への放火とみなしてよいか，という問題を扱います。現住建造物放火（108条）

が成立するには，現住性または現在性のいずれかを充たす必要がありますが，そのいずれも欠くのではないかが争われた裁判例が，仙台地裁1983年3月28日判決です。建物は鉄筋10階建てのマンションで，放火の現場は，このマンションの1階にある外科医院の一室です。まず，この医院ですが，判決では，犯行時に人は現在せず，もっぱら医療業務の場所として現に人の住居として使用していない建造物だと認定されています。すると，この医院内だけを考えれば，非現住建造物放火罪（109条）にしかなりません。検察官は，「本件放火の犯行につき，被告人は，D医院に火を放つてBほか69世帯が現に住居に使用する鉄筋10階建マンション（延床面積5,663平方メートル）を焼損しようと企て，その実行行為に及んだもの」であるとして現住建造物等放火罪の成立を主張しましたが，この主張は成り立つでしょうか。問題のポイントは，犯行現場となった医院がマンションの一部として現に人の住居に使用されている部分と一体の建造物と評価しうるか否か，です。

仙台地裁は次のように論じたうえで，一体性を否定しました。まず，一体とみなしうるかについては，「たんに物理的な観点のみならず，その効用上の関連性，接着の程度，連絡・管理の方法，火災が発生した場合の居住部分への延焼の蓋然性など各種の観点を総合して判断すべき」だとしました。そのうえで，本件医院は，「構造上他の区画と接着しているとはいえ，他の区画とは鉄筋コンクリートの壁，天井などで画され，独立性が強く，他の居住部分と一体の建造物とみることは困難である」こと，また，「本件医院に火災が発生した場合の居住部分への延焼の蓋然性について」も，「他区画へは容易に延焼しないすぐれた防火構造を有する建物であるといいうる」ことをあげ，結論として，「本件建物が外観上1個の建築物であることのみを理由に，右医院と右マンション2階以上に住む70世帯の居住部分を一体として観察し，現住建造物と評価

するのは相当でないというべきであつて，本件医院は非現住建造物と解するのが相当である」，としました。外観ではなく，現在の集合住宅の構造，機能に着目した適切な判断がなされているように思われます。放火罪も，八百屋お七の時代から大きく変わってきた，ということです。

### 【学習課題】

1．放火罪が，建造物損壊罪より重く罰せられるのは，どのような理由によりますか。
2．放火罪における「公共の危険」は，どのような内容を意味しますか。
3．放火の客体の住居に人が現在するかしないかで，刑の重さが違うのはなぜですか。

### 参考文献

・深町晋也「放火罪」山口厚編『クローズアップ刑法各論』（成文堂，2007年）267頁
・星周一郎『放火罪の理論』（東京大学出版会，2004年）
・佐伯仁志「放火罪の論点」法学教室132号22頁

# 9 | 犯罪捜査の開始

《目標&ポイント》 この章から犯罪が捜査，公判を経て裁判所に認定されるまでの手続を学びます。最初に，警察の職務質問などをきっかけとして犯罪の嫌疑が生じ，捜査が始まります。犯人であると疑われる被疑者が登場しますが，まだ「犯人」だと決まったわけではありません。無罪の推定があるため，この段階で「犯人」扱いしてはいけないのです。
《キーワード》 捜査のきっかけ（端緒），職務質問，所持品検査，告訴，自首，無罪の推定

## 1. 捜査が始まるきっかけ

### （1）犯罪予防と犯罪捜査

　刑事法では犯罪について法的な側面から扱いますが，一般に（刑法でも刑事訴訟法でも），犯罪が起こった後，これにどう対処するかが主な関心事になります。しかし，市民生活にとって，起きてしまった犯罪に適切に対処してもらうことは大切ですが，犯罪が起きないように予防することも重要です。警察官が盛り場をパトロールするのは，何も事件の通報があったときばかりでなく，市民の安全を保持するために，つまり秩序を守り犯罪を予防するために，巡回しているのです。警察法という法律の2条に，警察の責務として，「個人の生命，身体及び財産の保護に任じ，犯罪の予防，鎮圧及び捜査，被疑者の逮捕，交通の取締その他交通の安全と秩序の維持に当たることをもってその責務とする」と書かれています。ここに列挙されている項目のうち，「捜査」と「被疑者の

逮捕」は犯罪が起きてしまった後の警察活動を指しますが，それ以外は，おもに秩序維持と犯罪予防の活動ですが，これを行政警察といいます。

　これに対して，警察が犯罪捜査を行うとき，これを司法警察（作用）といいます。捜査で犯人を検挙し，証拠を集めるのは，将来の刑事裁判のためなので，司法警察と呼ぶのです。刑事訴訟法にも，警察官が捜査を行うときは，「司法警察職員として職務を行う」と書かれています（189条1項）。理屈のうえでは，司法警察と行政警察はきれいに区別できますが，実際の事件では両者の境界線があいまいだったり微妙だったりします。この点については，後で監視カメラの問題をとおして具体的に検討してみることにしましょう。

　ところで，犯罪捜査はどのような場合に始まるのでしょうか。何か客観的なきちんとした条件がありそうですが，刑訴法上は捜査機関である警察官が，「犯罪があると思料する（思う）とき」（刑訴法189条2項）に捜査を行う，としています。つまり，たしかな客観的な資料や証拠がなくても，特定の犯罪が行われたと思われたら捜査を開始します。条文の表現は，このような場合「捜査するものとする」とありますが，犯罪があったと思われるときに，捜査しない自由（恣意）を認めるものではないとされています。ごく軽微な犯罪まで，すべて捜査することまでは義務付けられていないとしても，起訴猶予になると見込まれる場合，あるいは重要な被疑者が自殺などで死亡している場合だからといって，捜査をしないですませることはできません。警察官や検察官らに捜査権限があるというのは，捜査官に恣意を許すものではないのです。

　では，ここに「捜査」とは，どのような内容のものなのでしょうか。言い換えると，捜査機関は，犯罪捜査として何をしなければいけないのでしょうか。捜査の中身は大きく2つあります。1つは，特定の犯罪の存在が疑われている，その犯罪の犯人をみつけることです。現行犯の場

合のように，最初から犯人が明らかなときもあれば，犯人が不明で難航することもあるでしょう。とにかく，捜査官からみて犯人と思われる人物をみつけ，必要なら逮捕など身体拘束のための手段を講じなければいけません。それは，捜査が将来の刑事裁判の準備のために行われるからです。重い刑罰が予測される事件では，被疑者が逃亡する可能性もありますので，裁判が始まるまで未決拘禁（勾留）しておく必要があります。捜査の中身の2つめは，これも将来の刑事裁判のためなのですが，証拠を集めることです。テレビドラマの刑事は，事件の関係者に面会して事情を聞いてまわるだけですが，実際の事件でもし関係者から有用な話が聞けたときは，これを記録し供述調書という書面に残しておきます。この供述調書は，将来起訴されて刑事裁判が始まったら，法廷に証拠として提出されることがあります。このように捜査は，目の前の事件を解決するというより，起きてしまった事件について，将来それが起訴され裁判になる場合に備えて行われる，捜査機関の公判に向けた活動だということができます。

（2）監視型捜査の問題点

　捜査は，犯罪が発生したと捜査機関が認識したときから開始されます。しかし今日，特定の場所における犯罪発生を予測し，継続的に監視カメラで撮影・録画して犯罪発生に備えるという新たな捜査形態が問題になっています。監視型捜査ともいえるこの種の捜査は，犯罪発生前から行われている点では行政警察の性格をもっていますが，最初から犯罪発生後の証拠利用を念頭において映像を記録する点で捜査に類似します。その具体例として，東京浅草の山谷地区監視カメラ事件があります。問題となった監視カメラが設置された場所は，付近に事務所をおく争議団の街宣車による週に数回のデモ，さらに，この争議団と地元暴力団の間に

対立抗争があって傷害事件に発展したこともあるほか，労務者が車道上に寝転ぶなどしていました。そこで山谷地区派出所では，派出所前の電柱の地上 8 メートルの高さに雑踏警備用テレビカメラ（監視カメラ）を設置してリモコン操作により山谷通りの状況を撮影・録画していました。1986年 9 月20日，争議団の無許可デモが派出所前にあらわれ，停めてあった警察車両の窓ガラスやサイドミラーなどが壊されました。事件としては，これだけです。録画映像を確認してみると，サイドミラーを破損している人物が映っていたので，この男を器物損壊罪（刑法261条）で起訴しました。裁判でこの録画映像を証拠として使えるのか，言い換えると監視カメラで撮影をし続け，本件を撮影したことは違法ではないかが争われました。

　まず，事件当日の監視カメラによる撮影・録画は捜査といえるでしょうか。犯罪発生前から撮影はずっと継続的に行われていましたが，犯行時の撮影だけ取りあげれば，現に犯行が行われている場面の撮影です。第 1 審の東京地裁は，事件当日の撮影・録画行為について，「山谷通りにおいて犯罪が発生した場合に備えてその証拠を保全するため，すなわち犯罪捜査のために主としてなされていたものと認められる」としました。しかし問題は，いつ起きるかも分からない犯罪発生のために，犯罪とは無関係な一般市民の容ぼう，姿態まで日常的に撮影・記録することが，法律の根拠もなしにできるのかということです。東京高裁1988年 4 月 1 日判決は，この問題について次のような解決をしました。まず，憲法上，「その承諾なくしてみだりにその容貌等を写真撮影されない自由」は保障されているとしたうえで，その自由も捜査のため写真撮影（ビデオ撮影）することを，いかなる場合にも許容しないとするものではないとして，以下の 3 つの要件を充たす場合には，犯罪の発生が予測される場所を「継続的，自動的に撮影，録画することも許される」と判示した

のです。その3要件とは，①当該現場において犯罪が発生する相当高度の蓋然性が認められる場合であり，②あらかじめ証拠保全の手段，方法をとっておく必要性及び緊急性があり，③その撮影，録画が社会通念に照らして相当と認められる方法でもって行われること，です。この事件では，3要件を充たしているから，撮影・録画は適法であるとして，犯行現場を写したビデオカセットテープの証拠能力を肯定しました。

　この事件は約30年前のものですが，監視型捜査のさきがけ的な事件だったように思われます。IT時代といわれて久しい今日，街頭の監視カメラの映像の蓄積が，当然のように捜査に使われ，GPS（全地球測位システム）装置が犯罪捜査に用いられるケースが登場しています。捜査機関は，民間の協力もえながら，以前よりは容易かつ簡便に，「継続的，自動的に」記録された膨大な情報を手に入れ，捜査に使うことができるようになりました。この膨大な情報の蓄積を犯罪捜査以外の用途に転用あるいは政治的な利用がなされる危険性があるとの指摘があります。犯人がつかまるのは大事なことですが，そのために市民の日常の活動全般を監視されるような社会でいいのか。そういう議論が，最近次第に聞かれるようになってきました。犯罪捜査の話から少しそれましたが，監視型捜査の問題は，今後日本の社会のあり方にも関わる大きな問題として，真剣に考えていく必要があるでしょう。

## （3）捜査と刑法

　人のある行為が，刑法上何罪になるのかは，最終的には裁判所が有罪判決の中で確定します。それでは，捜査段階において，刑法のあてはめの問題は重要ではないのでしょうか。もちろん，そんなことはありません。ただ，捜査のきっかけがみつかった段階では，刑法の何罪なのか，判然としないことはあります。たとえば，郊外の森の中で人の死体が発

見された場合を考えてみましょう。発見した市民の通報で警察官がかけつけ，最初にやるのが変死体に対する検視です（刑訴法229条2項）。もし専門の医師などが鑑定して心臓発作で病死したというのであれば，犯罪はなかったことになり，捜査は開始されません。しかし，毒を飲んで死亡したことが判明したら，自殺または他殺のいずれかでしょう。自殺は刑法上犯罪ではありませんから，その場合も刑事法の問題にはなりません。他人が毒を飲ませて死なせた可能性がでてきたら，ここから捜査が始まります。死んだ被害者と最後まで一緒にいた人物が被疑者になるかもしれません。毒入りのカプセルを飲ませるのに，栄養剤だと嘘を言って飲ませたら殺人罪（刑法199条）の可能性が大きいでしょう。しかし，自殺を希望している被害者に頼まれて毒薬を渡したのだとしたら，自殺幇助罪（刑法202条）になる可能性もあります。そのいずれかは，捜査が進むことで次第に明らかになっていくのですが，最終的には裁判所で判定することになります。

　このように，実際に起きる事件では，刑法を適用する対象となる事実じたいが定まらず流動的なため，捜査官はまず，事実を確かめることから始めます。最終的に，刑法を適用して何罪にあたるのかを決めるのは裁判所ですから，捜査では何よりも事実関係を確認する作業が重要になります。たとえば，子どもを放置して飢え死にさせた事件があったとします。親に殺意があれば殺人罪（刑法199条）に，なければ保護責任者遺棄致死罪（刑法218条，219条）になります。警察官がこれを殺人で立件したければ，殺人の故意を証明する証拠が必要になりますから，子どもの親を取り調べて殺意があったことを認めさせようとするでしょう。親が殺意を認めたら，自白調書を作成します。自白調書は，後に親が公判で殺意を否認したときには重要な証拠になります。自白がとれないときは，間接的に殺意を証明する情況証拠を集めることになります。もし，

殺意に関する証拠が十分に集まらなかったら，検察官は殺人での起訴はあきらめ，おそらく保護責任者遺棄致死で起訴することを考えるでしょう。犯罪捜査では，漠然と証拠がないかと活動するのではなく，特定の犯罪を証明するのに何が必要かを考えながら証拠収集活動（捜査）を行うのです。

## 2. 職務質問と所持品検査

### （1）職務質問の性格と要件

　本章では，捜査の開始について扱いますが，開始のきっかけとして重要な警察活動が，職務質問です。略して「職質」と呼ばれたりもします。この職質は，警察官職務執行法（警職法）という法律の2条によって認められる警察権限で，これがきっかけで捜査に進むケースが毎年10万件ほどあり，かなりの効果をあげているといえるかも知れません。先に警察法2条を紹介しましたが，そこには警察の責務として，個人の生命等の保護，犯罪の予防・鎮圧などがあげられていました。だとすると，警察法を根拠に大半の警察活動ができそうなのに，これとは別に警職法が必要とされるのは，なぜでしょう。それは，警察法が警察組織について定める法律であって，組織法といわれるものであり，そこに列挙されている警察の「責務」を実際に権限として行うには別途法律が必要だからです。別に必要とされるこの法律を学問上，作用法あるいは権限法といい，警察権限の具体化についての作用法が警職法です。警職法は，条文の数も7つしかないコンパクトな法律ですが，警察法と並んで警察官にとっては非常に重要な基本法といえます。そして，警職法に規定された警察権限のうち，最も基本的で実務上も大きな役割を果たしているのが，職務質問なのです。職務質問は，法的性格としては行政警察活動であり

捜査ではありませんが、何らかの犯罪に関わっていると思われる人を対象に「質問」することですので、ここから捜査に発展することも少なくないのです。

　それではここで、警職法の認める職務質問とはどのようなものか、説明しましょう。警職法2条によれば、警察官は、異常な挙動やその他の事情からみて何らかの犯罪を行ったか、これから行うかもしれないと疑われる人に対して、「停止」させ、「質問」することができ、その場で質問することが本人に不利なとき、または交通の妨害になるときは、最寄りの派出所まで「任意同行」できる、とあります。簡単にいうと、どういう犯罪かは特定できないが何らかの犯罪への関与が疑われる相手に対して、「停止」させ、「質問」「任意同行」ができるというのです。ここで問題になるのが、この職質に際して、どの程度の実力行使、法律的な表現でいうと有形力の行使ができるかという問題です。まず、はっきりさせておかなくてはいけないのは、ここでいう有形力の行使は、決して強制処分（強制的な行為）であってはいけないということです。警職法3条は、停止・質問・任意同行の対象者について、「刑事訴訟に関する法律の規定によらない限り、身柄を拘束され、又はその意に反して警察署、派出所若しくは駐在所に連行され、若しくは答弁を強要されることはない」と、わざわざ規定しています。強制処分は明確に禁止されていますが、しかし、犯罪の関わる不審者を前にして何もできないのでは、警職法で職務質問を認めた意味がなくなります。任意処分の範囲内でどこまで有形力の行使が許されるか、次に、この点が争われた判例をみていくことにしましょう。

### (2) 有形力行使の限界

　警職法2条の認める職質行為のうち、とくに問題になるのが質問のた

めに「停止させ」る行為です。裁判例で認められている行為としては，逃走しようとした不審者に対して背後から腕や肩に手をかけて停止させる行為，不審者の前方をふさぐ行為などは適法とされています。また，不審者が自動車の運転席にいる場合，「停止」させようとしても車を発進されたら質問まで進むことはできません。そこで，警察官が運転席窓から腕を差し入れ，エンジンキーを引き抜いて取りあげたらどうでしょう。こうすれば，「停止」の目的は達せられますが，職務質問として許されるのでしょうか。この点について参考になるのが，最高裁1994年9月16日決定です。この決定は，結論として，この事件の事実関係のもとではエンジンキーの抜き取り行為も許される，としました。まず，事実関係についてみていくことにしましょう。問題の被疑者は，駐在所に意味不明の電話をかけます。巡査Aが調べたところ，この被疑者に覚せい剤使用の容疑があると判断できたので，立ち回り先のF県I方面に向かいました。A巡査の依頼を受けたB巡査は，午前11時すぎ頃，国道を走行中の被疑者の車を発見し拡声器で停止を指示しますが，これを無視して走り去ったのでB巡査は他の警察車両とともに追跡し，K交差点付近で追いつきます。被疑者の車はKの指示に従って停車し，その前後を警察車両がふさぎました。付近の道路は積雪ですべりやすい状態だったようです。午前11時10分頃，被疑者の運転席の窓越しに職務質問を開始したのですが，被疑者は，目をキョロキョロさせ，落ち着きのない態度で，素直に質問に応ぜず，エンジンを空ふかししたりハンドルを切るような動作をしたので，B巡査は車の窓から腕を差し入れ，エンジンキーを引き抜いて取りあげました。

　以上が事実経過です。最高裁は，このような事情のもとでエンジンキーを取りあげた行為は，「警察官職務執行法2条1項に基づく職務質問を行うため停止させる方法として必要かつ相当な行為であるのみなら

ず，道路交通法67条3項に基づき交通の危険を防止するため採った必要な応急の措置に当たる」と判示しました。職務質問とそのための停止は，任意捜査ではありませんが，任意捜査が許されるための要件である必要性と相当性をここでも要求したうえで，B巡査の行為はこれを充たしていると判断したのです。最高裁はさらに，だめ押しのように，雪道ですべりやすい道路状況であったことから，道交法上認められている危険防止措置の規定もあげています。

ここまでは，警職法上の職務質問として適法とされました。しかし，これには続きがあったのです。先の「停止」の後，覚せい剤自己使用の嫌疑を深めた警察官たちは，被疑者の身体に対する捜索差押令状を入手する時間をかせぐため，被疑者と助手席の同乗者を約6時間半以上，現場に留め置きました。最高裁は，停止は適法としましたが，この留め置きの措置は，次のように言って違法としました。つまり，当初の留め置きが「前記のとおり適法性を有しており，被告人の覚せい剤使用の嫌疑が濃厚になっていたことを考慮しても，被告人に対する任意同行を求めるための説得行為としてはその限度を超え，被告人の移動の自由を長時間にわたり奪った点において，任意捜査として許容される範囲を逸脱したものとして違法といわざるを得ない」，と。ある時点をとれば適法な措置だったとしても，それが長時間続くことで違法にもなることを示した例としても，大変興味深いケースだといえます。

**（3）所持品検査と米子銀行強盗事件**

不審な人物が何らかの証拠品あるいは武器を所持していると疑われる場合，職務質問に付随して所持品検査をすることができるかどうかという問題があります。まず，原則として，上着のポケットやポーチの内容物を無理やりさがすことは，法的には「捜索」という強制捜査にあたり

ますので，裁判官の発付する捜索令状がないとできません（憲法35条）。警職法が認めている警察権限も，先に確認したように停止，質問，任意同行だけで，所持品検査はありません。では，捜索のような強制にわたらない限度で，所持品検査を認める余地はないのでしょうか。職務質問が認められているのですから，不審な対象者に所持品の内容物を質問することはできるでしょう。次に，内容物を見せてほしいと要求することも問題ないと思われます。さらに，衣服やバッグの外側から触れることはどうでしょうか。もっと進んで，警察官みずから不審者の衣服の内側に手を入れて，あるいはバッグを開いて所持品を取りだす行為は，「捜索」にあたる強制処分の範ちゅうに入るので，基本的には違法になります。その手前の，バッグの外側に触れたり，バッグのチャックを開ける行為は違法になるでしょうか。この問題について，先例として重要な裁判例があるので，以下に紹介しましょう。事件名を米子銀行強盗事件といいます。

　この事件の事実経過は，次のようなものです。F巡査部長は，米子市内において，猟銃とナイフを所持した4人組による銀行強盗事件が発生し，犯人は銀行から600万円余りを強奪して逃走中であることを警察無線で知ります。その日の午後10時半頃，S町付近を学生風の2人組がうろついていたが，その後白い車に乗ったとの情報を得て，M町付近の国道で緊急配備検問を行っていたところ，手配人相のうちの2人に似た若い男が2人，白い乗用車に乗っているところを発見されました。そこでF巡査部長は，2人に対して職務質問を開始しましたが，自動車の後部座席にアタッシェケースとボーリングバッグがあったので，場所を付近の会社の事務所に移して職質を継続しました。2人は住所，氏名の質問への返答を拒否し，さらにバッグとケースを開けるよう求められても拒否しました。その後3分くらい，このやりとりを繰り返しましたが，嫌

疑を深めたＦら警察官は，２人をそれぞれ数名ずつ取り囲んでＳ警察署まで同行させました。Ｓ署でも引き続きバッグ等を開けるよう２人に求めましたが，２人とも黙秘を続けたので，Ｇ巡査長は承諾のないままボーリングバッグのチャックを開けました。すると中から大量の紙幣が無造作に入っているのが見えたので，アタッシェケースを開けようとしたのですが鍵がかかっていたのでドライバーでこじあけると，中に大量の紙幣が入っており，被害にあった銀行の帯封のある札束もみえました。そこでＧ巡査長らは２人を緊急逮捕した，というのが事実経過です。

　緊急逮捕というのは，犯罪の嫌疑が充分あるときに，例外的に令状なく逮捕が許され，逮捕後に令状請求するという逮捕のことで（刑訴法210条），この事件でいえば，大量の紙幣がでてきたことから緊急逮捕じたいは問題なさそうにもみえます。しかし，大量の紙幣を発見する過程で，ボーリングバッグのチャックを承諾なしに開けています。これが違法な所持品検査であれば，その後の緊急逮捕も，前段階の違法性を引き継ぎますので違法になります。警職法のどこにも所持品検査を認める条文はなく，しかも純粋に任意ともいえない所持品検査です。そもそも許されるのか，許されるとしてその限度はどこまでか。所持品検査をめぐっては，学説上もいろいろ議論がありました。これに決着をつけ，裁判所として許される限度を示したのが，米子事件・最高裁1978年６月20日判決です。判決では，まず，警職法は２条１項で停止・質問について規定するのみで所持品検査について「明文の規定を設けていない」ことを確認したうえで，「所持品の検査は，口頭による質問と密接に関連し，かつ，職務質問の効果をあげるうえで必要性，有効性の認められる行為であるから，同条項による職務質問に附随してこれを行うことができる場合がある」という解釈を示します。そして，判決によれば，所持品検査ができる場合というのは，「所持品検査の必要性，緊急性，これによ

つて害される個人の法益と保護されるべき公共の利益との権衡などを考慮し，具体的状況のもとで相当と認められる限度においてのみ，許容される」としました。要するに，所持品検査が，①必要性，②緊急性，③相当性の要件を充たすことが必要だとされたのです。本件にこれをあてはめると，2人組は凶器を利用した銀行強盗事件の犯人であるとの嫌疑があり，凶器を所持している疑いがあって職務質問したところ黙秘し，バッグ等の開披要求にも応じないというのであるから，①緊急性，②必要性はあり，所持品検査の方法は施錠されていないバッグのチャックを開けて一べつしたのだから③相当な行為だった（相当性あり），と評価したうえで適法な所持品検査だとしました。

　法律にない要件をあげて検討している点に問題があるようにも見えますが，判決は，警察活動の必要性が強ければ，ある程度の有形力も許されるという比例原則を具体化したものであり，あらたに警察権限を認めたわけではありません。バッグのチャックを開けたのも，一般的にこのような行為が許されるとしたものではなく，米子銀行強盗事件のような事案であるから許されたと解すべきでしょう。その証拠に，同じ年の最高裁判例で，警察官が承諾なしに上着の左側内ポケットに手を差し入れて所持品を取りだした行為を違法としたものがあります（最高裁1978年9月7日判決）。

## 3．その他の捜査のきっかけ

### （1）被害届けと告訴

　捜査が開始されるきっかけとして最も多いのが，被害届けです。家の前に停めておいた自転車を盗まれたら，ふつう警察に届けますが，これが被害届けです。これと似て非なるものが，告訴です。告訴というのは，

犯罪の被害者及び被害者と一定の関係のある者が，捜査機関に対して犯罪事実を申告し（ここまでは，被害届けと同じ），訴追を求める意思表示をいいます。刑事訴訟法230条には，「犯罪により害を被った者は，告訴することができる」，とあります。また，告訴をするのに告訴状を書いて提出することもありますが，法律上は書面ですることは要求されていません。しかし，警察署に出かけていって口頭で告訴を申し立てたときは警察官が告訴調書という書面をつくることになっており（刑訴法241条2項），いずれにしても告訴があった事実については書類が作成されます。書面が必要とされるのは，とくに親告罪について告訴の有無は重要な意味をもつこと，親告罪でなくても，告訴があったか否かを手続上明確にしておく必要があるからだと説明されています。

　親告罪について，ここで説明しておきましょう。刑法典に規定されている犯罪の中には，性暴力犯罪（傷害等の結果が生じる場合を除く）や名誉棄損罪，器物損壊罪などのように，「告訴がなければ公訴を提起することはできない」としているものがあります（刑法180条1項，232条1項，264条等）。これらの犯罪は，被害者が告訴しないとき，つまり処罰を求めないときは，起訴することができない（処罰もできない）のです。その理由は，犯罪によって異なります。器物損壊罪や信書隠匿罪などの場合，基本的に法益侵害性が小さいので，被害者が処罰を望まない場合にまで刑罰権を発動するには及ばないという考えから，告訴がないと刑事裁判を開始できないことにしたのです。他方，性暴力犯罪や名誉棄損罪は，決して法益侵害性が小さいとはいえません。しかし，これらの犯罪は個人の重大なプライバシーに関わるものであるため，刑事裁判を開始させるとさらに大きなプライバシー被害（二次被害）を生じさせる可能性があります。そこで法は，このタイプの犯罪の被害者に対して，刑事手続を開始させるか否かの選択肢を与えることにしました。これが

親告罪における告訴権です。したがって，もし親告罪の被疑者が告訴しないという意思を表明したら，原則として捜査を行うこともできません。また，検察官は，親告罪事件については告訴がなければ起訴することができないことになっています（刑訴法338条4号）。

## （2）自首

　捜査のきっかけのうち，やや特殊なものとして「自首」があります。自首とは，文字通り罪を犯した者が自発的に自己の犯罪事実を捜査機関に申告し，その処分に委ねる行為をいいます。刑法上，自首があると刑が減軽される可能性があります（任意的減軽）（刑法42条）。自首と認められるためには，事件の犯人が捜査機関に判明する前であることが要求されており，指名手配された犯人が警察に出頭しても自首ではありません。このことからも分かるように，自首により刑の減軽という恩典が得られる理由の第1が，自首があれば余計な捜査手続を省くことができ，無実の者を罰する危険を回避できるという刑事政策的なものです。そして第2に，自首した犯人の改心に非難の減少をみることができるからです。自首の制度は，中国法に由来するもののようで，歴史的には第2の理由が主たるものだったようです。これらの理由から自首の任意的減軽が認められているのですから，たとえば逮捕・勾留された被疑者が自白しても，自首になることはありません。では，逮捕・勾留されている者が，余罪について自白したときはどうでしょう。余罪は逮捕等の身体拘束の理由となっている犯罪とは別罪のことですので，この場合にも自首を認めていいようにも思われますが，裁判所は自首にあたらないとしています（東京高裁1980年12月8日判決）。

　刑事手続上，自首があると，告訴があった場合に準じて処理することになっています（刑訴法245条）。これは，自首の有無が被疑者の刑事責

任に影響を与えるものなので，手続をより慎重にするためです。

**（3）検視**

　死体の発見から事件が発覚し，捜査が開始されることも少なくありません。捜査のきっかけという観点から「死体」を分類すると，①非犯罪死体，②変死体，③犯罪死体に分けられます。①非犯罪死体は，吹雪に閉じ込められた自動車内から掘り出された凍死体，樹海で発見された自殺死体などで，通報を受けた警察官が公衆衛生，身元確認などの行政目的のために行政検視を行う場合がこれにあたります。③犯罪死体は，文字通り，たとえば銃で撃たれた死体のように犯罪による死亡であることが明らかな場合で，直ちに強制捜査（検証，鑑定など）が開始されます。この２つの死体に対して，②変死体は，犯罪死の疑いはあるが確かめる必要のある死体のことで，その確認の手続を検視（刑訴法229条）というのです。検視の結果，その変死体が犯罪による死亡であることが明らかになったら捜査が開始され，ふつうは鑑定が行われます。

　最近では，検視にまでいたらない「異状死」（医師法21条）の扱いがずさんであり，その中に犯罪死が含まれているのではないかという指摘もなされています。

**【学習課題】**
1．監視型捜査とはどのような捜査のことですか。この捜査にはどのような問題点がありますか。
2．職務質問に伴う所持品検査は，どのような場合に，どういう要件が充たされれば認められるのでしょうか。
3．親告罪で告訴がない場合に，捜査機関は捜査を行えますか。また，

検察官は起訴できますか。もしできないとすると，それはなぜですか。

## 参考文献

・田辺泰弘「職務質問・所持品検査―検察の立場から」三井誠ほか編『新刑事手続Ⅰ』（筑摩書房，2002年）163頁
・内藤隆一「職務質問・所持品検査―弁護の立場から」同上173頁
・松本芳希「職務質問・所持品検査―裁判の立場から」同上176頁
・緑大輔「監視型捜査における情報取得時の法的規律」法律時報87巻5号65頁

# 10 | 犯罪被害者の地位

《目標＆ポイント》　犯罪被害者の保護と法的地位の向上は，近年の刑事司法の重要課題です。そして，刑事裁判における被害者の保護と参加が，近年，相次ぐ立法で認められるようになりました。ただ，被害者からみた「加害者」，つまり「被疑者」「被告人」の人権とどう調整し調和をはかっていくのか。本章では，被害者問題を多面的に考えてみましょう。
《キーワード》　告訴，親告罪，被害者参加制度，修復的司法

## 1．犯罪と被害者

### （1）総論的考察
#### ① 実体的にみたときの被害者

　犯罪は，何らかの被害を生じさせるのが普通であり，その被害が個人に及ぶとき，その個人を被害者と呼びます。犯罪の中には，騒乱罪のように，特定の個人ではなく社会を騒がせたことで成立する犯罪もあります。この場合，個人の被害者はいません。さらには，酒に酔って自動車を運転すれば，とくに人をはねたりしなくても道路交通法（特別刑法）で酒酔い運転の罪になります。この場合も，被害者は存在しません。つまり，犯罪には，被害者のいる犯罪と被害者のいない犯罪があるのです。
　さらに，被害者のいる犯罪について，被害者の対応によって犯人の刑事責任が変わることがあります。詐欺罪（刑法246条）は，もちろん被害者のいる犯罪ですが，もし被害者が詐欺にはあったけれど，だまされ

なかったとします。このときでも，だます行為はありますから詐欺罪は成立しますが，被害が発生していないので，詐欺未遂罪にしかならず刑も減軽される可能性があります。

　また，犯罪の展開しだいで，加害者と被害者が入れ替わることもあり得ます。たとえば，甲と乙の間で口喧嘩が起こり，興奮した甲がいきなりナイフで斬りかかってきたとします。それで乙が腕に傷を負ったら，この時点で甲は傷害罪の犯人で乙は被害者です。ところが，乙が反撃のために落ちていた鉄の棒で甲の頭部をなぐったため甲が死亡したとしたら，乙は殺人または傷害致死の加害者ということになり，起訴されるかもしれません。裁判の場で，乙は，おそらく自分の加害行為が正当防衛にあたると主張するでしょう（第4章を思い出してください）。これが成立して乙が無罪になっても，乙が加害者でなくなるわけではありません。反撃により甲が死亡した時点で，甲は被害者，乙は加害者，手続的にいえば，乙は被疑者・被告人になるのです。

　このように，犯罪の成否に被害者が関与して影響を与えたり，そもそも被害者が想定できない犯罪であったりと，実体的に考えた場合でも，「被害者」の問題は単純ではありません。

② **手続的にみたときの被害者**

　次に，刑事手続からみた「被害者」についてはどうでしょう。犯罪被害者も刑事手続に関与します。多くの事件では，被害者が事件を警察に訴え出て捜査が始まります。しかし，手続の進行に伴い，その立場は微妙になります。なぜなら，刑事裁判が始まり，ある人が「被害者」参加人として手続に加わったとしても，被告人が「犯人」とは確定していないことから，その参加人もいまだ正式には「被害者」とは確定されていないからです。捜査が開始された段階では，被害者だと訴える人の訴えを聞いて証拠を集めるなどして，その言い分を確かめていきます。

起訴されて刑事裁判が始まると，被告人の有罪・無罪について証拠調べがなされ，被告人に対して有罪，または無罪の判決が言い渡されます。そして，被告人の犯行が否定されて無罪とされたような場合，たとえば密室の中で被告人が被害者にむりやりわいせつ行為を行ったという公訴事実（強制わいせつ罪）が否定されたような場合，遡って被害者は「被害者」ではなかったことになるでしょう。手続上，「被害者」にどのような法的地位を認めるのか，難しい原因はこのあたりにあるのです。

③　政策的にみたときの被害者

　被害者については，実体法，手続法との関係のほか，広義の刑事政策においてどう扱われてきたかをみる必要があります。法律から離れて犯罪を実証的に研究する学問に，犯罪学（Criminology）がありますが，犯罪学はもちろん被害者も研究対象にしてきました。しかし，犯罪学では，犯罪の原因と対策をテーマとしてきましたが，被害者の扱いは犯罪発生に関与したか否か，被害者特性としてどのようなものがあるかなど，被害者は添え物のような扱いを受けてきました。被害者は，いわば「忘れられた当事者」だったのです。1980年代頃，被害者学（Victimology）が誕生し，国際的規模で被害者の救済や支援を視野に入れた新しい刑事司法を構築しようという学問と運動が発展してきました。本章で扱う，近年の被害者保護や被害者参加のための制度改革も，以上のような学問的な成果が背後にあってのことなのです。

**（2）被害者と犯罪捜査**

　近時，被害者が立法課題として注目され立法化されるようになりましたが，現行の刑事訴訟法にも，捜査に関する章（第2編第1章）に，被害者は「犯罪により害を被った者」として登場します（刑事訴訟法230条）。この条文により，被害者は，「告訴をすることができる」，つまり

告訴権をもつとされています。告訴権を定義すると，犯罪の被害者が犯罪を捜査機関に申告し，訴追を求める権利のことをいいます。似たような言葉に「被害届け」がありますが，これは文字通り被害を警察などに届け出ることをいい，とくに「訴追を求めない」点で告訴と区別されます。犯罪によっては，親告罪といって名誉棄損罪や強姦罪のように，被害者が告訴しないと起訴できない犯罪があり，そのような場合には告訴か被害届けなのかの区別は重要です。

　被害届けや告訴があれば，捜査機関は犯罪捜査を開始します。この意味で，告訴は捜査のきっかけ，端緒だといわれています。端緒ということなので，告訴がなくても捜査機関は捜査を開始できますし，他方，告訴があって捜査が行われても，最終的に起訴されないことがあるのです。この点について，最高裁1990年2月20日判決は，次のように言っています。「告訴は，捜査機関に犯罪捜査の端緒を与え，検察官の職権発動を促すものにすぎないから，被害者又は告訴人が捜査又は公訴提起によって受ける利益は，公益上の見地に立って行われる捜査又は公訴の提起によって反射的にもたらされる事実上の利益にすぎず，法律上保護された利益ではない」，と。被害者保護立法の以前とはいえ，被害者の告訴権に対してやや冷淡な判示のようにも思われます。

　それはともかく，告訴がこのようなものだとしても，親告罪などでは，犯人にとって告訴されるか否かは重大な関心事になります。そこで刑事訴訟法は，被害者が告訴できる期間を「犯人を知った日から6か月」と制限しました（235条）。しかし，性犯罪の被害にあった被害者が精神的に大きなダメージを受け，立ち直るのに時間を要することも稀ではありません。また，子どもに対する性的虐待のように，被害じたいが長期間継続することもあります。そのような場合に，6か月という期間は，犯人には都合がよくても被害者保護にならないのではないか。そこで，

2000年に法改正がなされ，強姦，強制わいせつの罪については，告訴期間そのものが撤廃されました。被害者のおかれた実情に照らして，妥当な法改正だと思われます。

なお，刑法には，虚偽告訴罪（172条）という犯罪があります。これは，自分が被害者であるとしてことさらに虚偽の告訴をしたときに成立する犯罪です。被害を申告することは，もちろん被害者の権利ですが，虚偽の告訴は認められない，ということなのです。

### （3）これまでの沿革

ここで，被害者保護に関する法制度の歩みを簡単にたどっておくことにしましょう。

現行の刑法は，1907年にできた法律です。この刑法も被害者保護にとって，重要な基本的法律といえます。刑法と被害者保護というとピンとこないかもしれませんが，刑法の役割としての法益保護は，被害者保護でもあるのです。たとえば，刑法199条は殺人罪の規定です。人を殺す行為がこの条文によって処罰されることによって，「人」という法益を保護していると考えることができます。かりに，このような条文がなかった場合を想像すると，少しは分かっていただけるでしょうか。

次に，刑事訴訟法と被害者についてです。現行刑訴法は，1948年に公布されました。当時はまだ，刑事裁判で被害者に対する配慮を行う，あるいは被害者を保護するという発想はなく，まして，被害者になんらかの法律的な地位を認めるという考えはありませんでした。これは，日本だけのことではなく，諸外国においても同様だったと思います。

その転機は，通行人を含む8人の死者と数百名の負傷者をだした，1974年の三菱重工爆破事件でした。この爆弾テロ事件をきっかけとして，犯罪に巻き込まれた被害者やその遺族に補償する制度の確立が求めら

れ，1980年に，「犯罪被害者給付金支給に関する法律」がつくられ，その後何度も改正されて給付される対象が拡げられ，金額も引き上げられました。

国際的には，1985年，国連の「犯罪防止及び犯罪者の処遇に関する会議」で，「犯罪及び権力濫用の被害者のための司法の基本原則宣言」が採択されています。この宣言では，①被害者は，その尊厳に対し同情と敬意をもって扱われるべきこと，②被害者に対して訴訟手続きにおける被害者の役割や訴訟の進行状況，訴訟結果等に関する情報を提示する必要があること，③被害者が必要な物質的，医療的，精神的，社会的援助を受けられるようにし，その情報を被害者に提供すべきことなど，その後の被害者に対する政策の基本になるべき内容がうたわれています。

ただ，日本の法律が被害者保護に関する本格的な法律を制定するのは，それから15年後の2000年のことになります。この年，国会は，2つの被害者保護法を可決し，捜査や裁判における被害者の保護と権利強化を行いました。

2004年，犯罪被害者基本法が成立します。ここでは，すべての犯罪被害者について，個人の尊厳が重んぜられ，その尊厳にふさわしい処遇を保障される権利を有することが確認されているほか（同法3条1項），政府が推進すべき基本的施策も列挙されています。そのひとつが，刑事手続への被害者参加でした（同条18条）。

2007年，2004年の基本法にもとづいて，被害者参加制度が立法化されます。後で説明しますが，日本の刑事裁判の風景が，これによって大きく変わることになります。2010年，殺人事件等について公訴時効を廃止する法律が制定されました。殺人などの重罪犯罪については，2004年に時効期間が15年から25年に延長されていますが，この改正で時効にかからないことになりました。これも被害者保護が立法理由になっています。

以上，簡単に沿革をたどりましたが，被害者保護立法は，当初は鈍かったものの，時間を経るにしたがって加速されていきます。それもあってか，それぞれの改正の中身について，十分に検討されていないのではないか，との批判もあります。そこで次に，近年の立法で強化された被害者の保護と参加についての諸制度を概観することにしたいと思います。

## 2．刑事裁判と被害者①── 保護の時代

### （1）民事的保護と刑事裁判

　被害者の救済というとき，民事的救済，つまり金銭賠償は非常に重要です。被害の原状回復が不可能な場合がほとんどでしょうから，結局は損害をお金に換算して支払わせることになります。中には，犯人が処罰されれば満足する被害者もいるかもしれません。しかし，重い障害を負ったため多額の治療費がかかり，入院中の生活費，後遺障害，あるいはPTSDなど事後的な精神的障害が生じることもあります。そうでなくても，大きな精神的苦痛を受けるのが普通でしょう。被害者は，これらの損害を賠償させるため，犯人に対して，損害賠償の請求を民事裁判所に訴えることができます（民法709条）。しかし，民事賠償を実現するには，いくつかの壁を乗り越えなければなりません。第１に，犯人に賠償するための資力が必要です。上で説明した三菱重工爆破事件の犯人たちは，政治的テロリストであり，死刑や無期懲役になった犯人も多く，犯人からの賠償は期待できない事件でした。第２に，民事裁判を起こしても，犯人側が最高裁まで争うつもりで頑張れば，相当の長期裁判を覚悟しなければならず，被害者にとっては大きな負担でした。

　この点に関して，フランスやドイツには付帯私訴制度というのがあり，刑事裁判に被害者が民事当事者として参加し，有罪の場合にその刑事裁

判の結果を利用して損害賠償の認容と損害額の算定をしてもらうことができます。フランスやドイツでも，刑事裁判のほうが迅速に決着がつきますので，被害者にとっては非常に有り難い制度といえます。2004年に日本で新設された「損害賠償命令の申立て」制度は，おそらくフランス，ドイツの制度を参考に，被害者が刑事裁判で有罪判決になった結果を利用するための制度です。具体的には，人を死傷させた罪，性犯罪など法に列挙された犯罪の被害者（またはその一般承継人）は，刑事裁判の弁論終結前までに損害賠償命令の申立てをすることができ，その後有罪判決があったときは，その刑事裁判所が，4回以内の審理で民事裁判を行うことになります。フランスなどと違って，損害賠償命令の申立人は，有罪判決があるまでは刑事裁判に関与することはありません。しかし，民事的救済という点では有効な制度といえましょう（犯罪被害者の権利利益保護法23条以下）。

## （2）法廷における保護

　被害者は，法廷に証人として呼ばれます。法廷では宣誓のうえ真実を証言しますが，それを望まない人間から脅されるかもしれません。刑法105条の2の証人威迫罪は，被害者など証人となる可能性のある者に面会の強要，強談威迫をした者を処罰するもので，証人保護のための規定でもあります。

　しかし，法廷で証言する被害者は，2000年の法改正までは，十分な手当がないままの状態におかれていました。2000年改正法は，まず，法廷での被害者の精神的負担を軽減するため，①証人にカウンセラーなどの付添いを付すことができる制度，②被告人や傍聴席との遮へい物を設置する制度，③被害者が法廷外の別室でテレビモニターを通じて証言できる「ビデオリンク方式」よる尋問の制度を導入しました（刑事訴訟法

157条の2以下)。これらの制度は、①であれば「著しく緊張又は不安を覚えるおそれ」があるときに限るなど、それぞれ限定が付されていますが、憲法上の反対尋問権（憲法37条2項）に違反するのではないかという懸念の声もありました。

2000年の法改正ではさらに、被害者の法廷における権利として、被害者・遺族の意見陳述権を認めました（刑訴法292条の2）。被害者に限りませんが、証人は経験した事実を述べるだけで、自分の意見を言うことができません。そこが被害者にとってストレスにもなっていたようですので、被害者にとっては意見表明の場が与えられたわけで、保護が厚くなったといえそうです。しかし、「意見」ですので、これを証拠にすることは許されておりません（292条の2第9項）。そうはいっても、裁判員が裁判するとき、事実認定に使われる心配はないのでしょうか。実際の裁判でも、被害者の意見陳述はかなりのインパクトがあるようで、被告人の側にとってはその影響を払拭するのは大変なことのようです。適正な刑事裁判の実現のために、どうバランスをとっていくのか、難しいところです。

**（3）裁判の公開について**

被害者、とりわけ性犯罪被害者の保護を考えるとき、裁判の公開の問題を避けてとおることはできません。日本では、憲法で裁判の公開を刑事被告人の権利として保障しているため（憲法37条1項。なお、同82条参照）、性犯罪の裁判でも公開の法廷で行われます。そうすると、被告人が事実を争う場合には、被害者は法廷に証人として出頭し、反対尋問に答えなければなりません。被告人が本当に犯人であるかどうか、確定するためにここは省略できないのですが、裁判が公開され市民やマスコミの目にさらされることで、被害者の苦痛は倍加されます。このような

事態を慮って，被害者は，そもそも被害を申告することじたい，躊躇することにもなりかねません。憲法にも関わるので難しいところですが，立法論として性犯罪事件の裁判を非公開で行うことも検討していいように思います。

なお，外国の例ですが，フランスでは，性犯罪被害者が裁判の公開，非公開を選択することができ，圧倒的多数の被害者は非公開を望みます。ですから，フランスの裁判所で，強姦などの性犯罪を一般の市民が傍聴することは，事実上ありません。

この問題については，研究者の中にも非公開にすべきだという声もあり，今後検討されるものと思われます。

### （4）最高裁の合憲判決

さて，2000年の法改正から5年後に，最高裁は，法廷における被害者保護制度の合憲性について判断を示しました。事件は，傷害と強姦事件で，法廷では被害者の証人尋問をするのに，遮へい措置とビデオリンク方式がとられました。つまり2つの措置が併用されたわけで，弁護人から，憲法37条1項の公平な裁判所，2項の反対尋問権，82条の裁判所の公開原則に反するとの主張がなされました。たしかに，1個の措置よりも複数の措置が重なることで，問題はより重大であるという主張には聞くべきものがあるようにも思われます。しかし最高裁2005年4月14日判決は，以下のように述べて，弁護人の主張をすべて退けました。少し長くなりますが，反対尋問に関連する部分を引用します。

> 「証人尋問の際，被告人から証人の状態を認識できなくする遮へい措置が採られた場合，被告人は，証人の姿を見ることはできないけれども，供述を聞くことはでき，自ら尋問することもでき，さらに，この措置は，

弁護人が出頭している場合に限り採ることができるのであって、弁護人による証人の供述態度等の観察は妨げられないのであるから、前記のとおりの制度の趣旨にかんがみ、被告人の証人審問権は侵害されていないというべきである。ビデオリンク方式によることとされた場合には、被告人は、映像と音声の送受信を通じてであれ、証人の姿を見ながら供述を聞き、自ら尋問することができるのであるから、被告人の証人審問権は侵害されていないというべきである。さらには、ビデオリンク方式によった上で被告人から証人の状態を認識できなくする遮へい措置が採られても、映像と音声の送受信を通じてであれ、被告人は、証人の供述を聞くことはでき、自ら尋問することもでき、弁護人による証人の供述態度等の観察は妨げられないのであるから、やはり被告人の証人審問権は侵害されていないというべきことは同様である。したがって、刑訴法157条の3、157条の4は、憲法37条2項前段に違反するものでもない。」

　最高裁は、弁護人の存在があるので合憲だとしています。被害者の保護の要請が無視できない以上、結論的には仕方がないかもしれませんが、遮へい措置とビデオリンク方式によって反対尋問権の行使に一定の制約が生じることは否定できないように思われます。

## 3. 刑事裁判と被害者② ── 参加の時代

### (1) 被害者参加と政策論

　刑事司法における被害者の権利の中で、おそらく最も強力なものが、刑事裁判に当事者として「参加」する権利ではないでしょうか。現行の刑事訴訟法には、そのような権利は規定されていませんでした。現行法が、民事裁判と刑事裁判をはっきり区別するアメリカ法の影響を受けて制定されたので、そうなったのです。犯罪で被害を受けた人が、告訴をして刑事裁判を求めるのとは別に、損害賠償請求は民事裁判所にしなけ

ればならないとされたのも、そのためです。これが、2004年に改正されたことはすでに述べました。では、「参加」についてはどうでしょうか。

　まず、「参加」の中身を整理する必要があります。欧米の制度などを参考に整理すると、①被害者の訴追の権利、②検察官が起訴したとき私訴当事者として裁判に参加する権利、③公判手続に被害者として参加する権利、④有罪判決がでたとき損害賠償請求に利用できる権利、に分類することが可能です。このうち、④は2004年に立法化されました。①、②、③は、被害者の権利の強力な順で並んでいますが、かりに強い権利を認めると、訴訟当事者間のパワーバランスが崩れ、検察官や被告人の権限が縮小し、また複雑な調整が必要になるかもしれません。被害者にどこまで、どのような権利を認めるか、時間と空間を超えた正解はありませんから、政策論としてはいくつもの解答が考えられます。ただ、2004年の犯罪被害者基本法で、被害者の刑事手続への参加を認めることが国の義務とされましたので（18条）、何も施策を講じないという選択肢はありません。そうすると、①、②、③のいずれかということになりますが、2007年に国が選んだのは③の参加でした。当事者性はないといっても、検察官の横に席を用意された被害者参加人の存在は、日本の刑事司法にとって大きなインパクトとなりました。次に、この制度の概要と問題点について検討することにしましょう。

### （2）2007年の被害者参加法と問題点

　日本型被害者参加制度は、被害者またはその委託を受けた弁護士の、①（尋問事項は情状に制限されますが）証人尋問権、②被告人に対して質問する権利、③事実・法律の適用についての意見陳述権（一種の論告・求刑）を認めるものです（刑事訴訟法316条の36以下）。①の情状に関する証人尋問の例としては、示談の状況など限られた事項に関するも

のが考えられます。ただし，条文上，証人尋問が認められるのは，審理の状況，申出にかかる質問事項の内容，申出をした者の人数その他の事情を考慮して裁判所が相当と認めたときに限る，とされています。しかし，新しい参加制度は比較的ゆるやかに運用されており，被害者や遺族が被告人に厳しい質問をしたり，事実上の「論告・求刑」で，被害者が法定の上限を超える厳しい求刑意見を述べる事案も報告されています。2007年の法改正のときの立法者の解説に，被害者のカタルシス効果もあると書かれてありました。強い被害感情が法廷にもちこまれたとき，とりわけ裁判員が影響を受けないか，懸念を示す意見もあります。この制度は，そのような心配があるときは，裁判所が，被害者参加人に代わって弁護士が尋問等を行うことを命じることができることにしており，場合によってはそのような措置が必要なのではないかと思われます。被害者の権利の中でも，被害者参加の権利は大変強力なものですので，公正な刑事裁判のために，被告人の防御権との調整が必要になることがある，と考えるべきでしょう。

**(3) 修復的司法による解決**

　近時，犯罪によって生じた事態を被害者・加害者・コミュニティの三者で解決しようという刑事司法の新しい理念が登場しました。これを修復的司法（restorative justice）といいます。この考え方は，犯罪を主として国家と犯罪者（手続的には被疑者・被告人）との関係としてみるのではなく，加害者と被害者と地域の関係として捉え，したがって，犯罪の処理も，被害者と加害者との関係修復に重点を置くべきだというものです。修復的司法の論者は，これまでの刑事司法の考え方は応報的司法であり，犯罪を国家に対する侵害とのみとらえるのに対して，修復的司法は加害者と被害者の関係性を重視し，その関係修復と損害の回復を

めざします。ただ，このような新しい理念にたった制度がつくられているわけではなく，現状では，一部で行われている試みですが，犯罪少年を家庭裁判所で審判するときに被害者遺族を呼んで加害少年との和解を試みるなどの方法がとられています。

　このような試みに対しては，批判もあります。ある論者は，被害者の癒しとはいっても，結局，被害者を少年の更生に利用しているだけではないか。他方で，少年に対して謝罪を押しつけることにならないか，という批判もあります。これらの批判もあって，修復的司法の主張は，以前ほど勢いがなくなってきたようです。いずれにせよ，犯罪もその被害者も多様ですので，修復的司法が従来の刑事司法にとって代わるものではなく，犯罪によって生じた紛争を解決するときの選択肢のひとつとして考えればいいように思われます。

### 【学習課題】

1．被害者は，刑法上どのようなかたちで守られているのでしょう。
2．被害者を保護することに，立法があまり熱心でなかったのは，なぜですか。
3．被害者が公判手続に参加することのメリットとデメリットには，どのようなものがありますか。

### 参考文献

・小木曽綾「犯罪被害者の地位」刑事訴訟法の争点（有斐閣，2013年）52頁
・川崎英明「犯罪被害者と刑事手続」犯罪と刑罰19号15頁
・高橋則夫『修復的司法の探求』（成文堂，2003年）

# 11 | 強制捜査の許される条件

《目標＆ポイント》 捜査機関は，法律に定めがある条件に従って裁判官が発する令状があれば，捜索・差押えを行うことができます。また，逮捕時には例外的に無令状で捜索・差押えができます。本章では，これらの強制処分の要件と生じる問題点について検討を加えることにしましょう。
《キーワード》 強制捜査，強制処分法定主義，令状主義，逮捕に伴う捜索・差押え

## 1. 強制捜査と令状主義

### （1）任意捜査と強制捜査の区別

　捜査のための手段，つまり捜査行為は，強制手段を用いない任意捜査と，強制手段を用いて捜査の目的を達成する強制捜査に分けることができます。強制捜査（強制処分）の例として，たとえば逮捕，捜索，差押えなどがあります。これらは，法律に強制捜査としてすでに規定があり，それなりの条件を充たせば許される捜査行為です。逮捕を例にとると，後で説明しますが，法律に書かれた条件のもとで行われるかぎり，強制手段を使って逮捕することが許されることになっています。「強制」できるということは，暴れて抵抗する被疑者を，数人の警察官が力ずくで取り押さえることもできる，ということです。もちろん，逮捕に必要なかぎりで許される実力行使ですので，無意味に乱暴な対応が許されるわけではありません。他方で，強制捜査の中には証拠物の差押えのように，

「物」を対象とするものもあり，このような捜査は逮捕と違って，"力ずく"の場面はふつうは登場しないでしょう。しかし，警察官による証拠物の占有取得が「差押え」という強制捜査として行われる場合は，これを妨害する者がいたら，それこそ力ずくで排除されますし，妨害者は公務執行妨害罪（刑法95条）で逮捕されることがあります。その意味で，差押えもやはり強制捜査なのです。

　ここで注意してほしいのは，捜査官の捜査行為は多様かつ多彩であって，典型的な逮捕や差押えといえない行為で，しかしある程度の法益侵害を伴う行為があるということです。強制にいたらない捜査行為を任意捜査（任意処分）といいますが，任意捜査は法に定めのある強制捜査と違って本当に多種多様です。尾行や張り込みなどは，その中ではイメージがつかみやすい任意捜査といえましょうか。任意捜査は，一般に人権やプライバシーなどの法益侵害が小さいので，とくに法律に定められていなくても，警察官や検察官は行うことができます。ただ，本当に法益侵害が小さいといえるかどうか，ケースバイケースの判断になり，場合によっては難しい判断をしなければなりません。もし，警察官が「任意」捜査のつもりで被疑者を警察署に連行したとして，それが客観的に「強制」にわたる実力行使であると認められるときは，実質逮捕という強制捜査を，法定の許容要件がないのに行ったわけで，違法な捜査が行われたことになります。その意味で，当該捜査行為が任意か強制かの区別は重要なのです。

　ただし，ここで2つの点に注意が必要です。ひとつは，法定の条件を充たせば強制捜査ができるといっても，身体拘束（逮捕）や証拠物の確保（差押え），現場保存（検証）などは許されますが，自白を強制的に入手する捜査方法は法律上認められていません。憲法38条が黙秘権を保障していますので，事実上の強制によって自白をえることも，もちろん

違法です。これは，黙秘権が認められていることの効果ともいえますが，重要な点なのでここで指摘しておきます。

　もうひとつ，強制捜査は大変強力な捜査手段ですが，それだけに，次に説明するように要件が厳しいこともあって，現行犯逮捕を除き，いきなり強制捜査が行われることは，ふつうはありません。たとえば，事件の現場付近を聞き込みに歩いて集めた情報を，警察官は捜査報告書にまとめます。これは任意捜査です。現場が公の場所であれば任意捜査である実況見分をして調書を作成します。被害者や目撃者などの重要な供述については，呼び出して供述調書を作成します。これらの任意捜査が蓄積され，被疑者が絞られてきて間違いないと思われたら，逮捕令状請求書に集めた証拠を資料として添付し，逮捕状を裁判官に発付してもらいます。こうやって，ようやく強制捜査にたどりつくことになるのです。

**（２）強制捜査の許される条件**
　では，強制捜査はどのような条件（要件）のもとで許されるのでしょうか。これには大きく２つの方向から制約がかけられています。１つめは，強制捜査は，必ず法律の根拠にもとづいてしなければならない，ということです。この原則じたい法律に書かれていますが（刑訴法197条１項但し書き），法治国家であれば，重要な事項（たとえば課税）は基本的に法律上の根拠が必要なのは当然のことです。強制捜査が人の生活上の権利や利益を侵害することからすれば，強制捜査に法律上の根拠が必要とされるのも，いわば当然のことといえます。この法定性の要求を強制処分法定主義といいます。

　２つめは，憲法が要求する令状主義です。これは，憲法33条と35条に定められている捜査の原則で，逮捕などの強制捜査をするには個別の令状がなければならないとするものです。このうち，憲法35条をみてみま

しょう。同条1項は，次のように書かれています。「何人も，その住居，書類及び所持品について，侵入，捜索及び押収を受けることのない権利は，第三十三条の場合を除いては，正当な理由に基いて発せられ，且つ捜索する場所及び押収する物を明示する令状がなければ，侵されない」，と。要するに，令状なしに捜索などを受けない権利が保障されているのですが，注意してほしいのはこの条文の主語が「何人も」となっていることです。日本で捜査の対象となりうる人は誰でも，この権利をもつと宣言されているので，当然，外国人もこの権利をもちます。次に，保障される権利は，「侵入，捜索及び押収を受けることのない権利」です。最初の「侵入」というのは捜索のひとつの類型にすぎませんので，捜索・押収を受けない権利，ということです。この条文を反対解釈すると，この権利が侵害されても良いのは，①正当な理由にもとづいて発せられ，②対象となる場所や物が明示された「令状」がある場合，ということになります。ただし，「令状」は，権限を有する司法官憲（裁判官）の発付する「令状」でなければなりません（同2項）。1つめの強制処分法定主義との大きな違いは，捜査に対するコントロールの方法として司法的コントロールの方法によっていることがあげられます。すなわち，強制処分を行いたいときは，事前に裁判官にチェックさせ，裁判官の許可した限度でのみ強制捜査権限の行使が許される，としたのです。そのチェックも，①正当な理由があるか，②捜索などの対象である場所や物が特定されているか，という点について大丈夫な場合についてのみ裁判官は令状を発付できるとされており，厳しいものになっています。

## （3）最高裁1976年3月16日決定

ここまで分かったことは，強制捜査をするには厳しい要件が必要であり，それを守らないと違法だが，任意捜査はとくに制約はなく，多種

多様な捜査がある，ということでした。次の問題は，ある捜査が行われたとして，それが任意か強制かを区別する基準は何か，ということです。さらに，その先の問題として，強制捜査でなければ任意捜査ではありますが，そこに何らかの制約というか限界はないのでしょうか。これらの問題が正面から問われた重要な裁判例が，最高裁1976年3月16日決定です。

　この事件は，午前4時10分頃，自動車を運転して物損事故を起こしたAが，駆けつけた巡査B，Cの2人から運転免許証の提示とアルコール検知のための呼気検査を拒んだところから始まります。巡査B，Cは，AをパトカーでG警察署まで任意同行し，午前4時30分頃警察署に到着します。後で分かったことですが，Aは当日の午前1時から4時頃までの間に，ビール大びん1本，日本酒5合から6合を飲酒した後，自動車を運転中に事故を起こしたもので，事故のときには顔は赤くて酒のにおいが強く，身体がふらつき言葉も乱暴，外見上酒に酔っていることがうかがわれたといいます。Aは，G警察署に到着し，免許証の提示には応じますが，呼気検査には応じませんでした。巡査B，CはAの説得のためAの父親を呼び出します。Aは，午前5時30分頃来署した父親の説得にも応じないどころか反抗的な態度にでたため，父親は「母が来れば警察の要求に従う」というAの返答を得て，自宅に戻りました。午前6時頃，Aは巡査らに「マッチを貸してほしい」と言いますが断られたため，「マッチを取ってくる」と言いながら急にいすから立ち上がって出入り口のほうへ小走りに行きかけたので，巡査Bは，「風船をやってからで[呼気検査をやってからで]いいではないか」と言って両手でAの左手首をつかんだところを，AはすぐにBの両手を振り払い，その左肩や制服の襟首を右手でつかんで引っ張り，左肩章を引きちぎったうえ，げんこつでBの顔面を1回殴ったのです。そこで，巡査らはAを公務執行妨

害罪で逮捕しました。

　以上が事実の概要です。現行犯逮捕の理由となった公務執行妨害罪（刑法95条1項）は，公務員が職務を執行するに当たり，これに対して暴行または脅迫を加えた場合に，3年以下の懲役もしくは禁固または50万円以下の罰金が科せられる犯罪ですが，この罪が成立するためには職務執行が「適法」でなければならないとされています。つまり，上述のAに同罪を問うためには，Bの行為が職務として適法でなければならないのです。そこで争われたのが，この事件です。検察官が被告人Aを有罪にするためには，Bの行為が任意処分であり適法な職務であることを立証しなければなりません。より厳密にいえば，①Bの行為が任意捜査であること，②任意捜査として必要な適法要件も備えていることの立証が必要とされているのです。

　1976年の最高裁決定は，①に答える前提として任意処分と区別される強制処分とは何かについて，次のように述べます。すなわち，「捜査において強制手段を用いることは，法律の根拠規定がある場合に限り許容されるものである。しかしながら，ここにいう強制手段とは，有形力の行使を伴う手段を意味するものではなく，個人の意思を制圧し，身体，住居，財産等に制約を加えて強制的に捜査目的を実現する行為など，特別の根拠規定がなければ許容することが相当でない手段を意味するものであつて，右の程度に至らない有形力の行使は，任意捜査においても許容される場合があるといわなければならない」，と。この基準で任意処分であったとしても違法になる場合がありうるかについては，次のように述べました。すなわち，②「ただ，強制手段にあたらない有形力の行使であつても，何らかの法益を侵害し又は侵害するおそれがあるのであるから，状況のいかんを問わず常に許容されるものと解するのは相当でなく，必要性，緊急性なども考慮したうえ，具体的状況のもとで相当と

認められる限度において許容されるものと解すべきである」，と。

　決定は，この２つの前提的な整理をふまえてBの被告人Aに対する行為の適法性を判断しました。①については，「B巡査の前記行為は，呼気検査に応じるよう被告人を説得するために行われたものであり，その程度もさほど強いものではないというのであるから，これをもつて性質上当然に逮捕その他の強制手段にあたるものと判断することはできない」として任意捜査であるとし，②については，「Bの行為は，酒酔い運転の罪の疑いが濃厚な被告人をその同意を得て警察署に任意同行して，被告人の父を呼び呼気検査に応じるよう説得をつづけるうちに，被告人の母が警察署に来ればこれに応じる旨を述べたのでその連絡を被告人の父に依頼して母の来署を待つていたところ，被告人が急に退室しようとしたため，さらに説得のためにとられた抑制の措置であつて，その程度もさほど強いものではないというのであるから，これをもつて捜査活動として許容される範囲を超えた不相当な行為ということはできず，公務の適法性を否定することができない。したがつて，原判決が，右の行為を含めてB巡査の公務の適法性を肯定し，被告人につき公務執行妨害罪の成立を認めたのは，正当というべきである」。

### （4）1976年決定の2つの意義

　この1976年決定は，捜査の分野における重要なものだといわれていますが，それは同決定に以下の２つの意義があるからです。

　１つめは，強制捜査を「個人の意思を制圧し，身体，住居，財産等に制約を加えて強制的に捜査目的を実現する行為など，特別の根拠規定がなければ許容することが相当でない手段」と定義することで，任意捜査と強制捜査の区別の基準を明確化したことです。強制捜査は「特別の根拠規定」がなければ許されないことは当然ですので，ここで重要なのは

前段の（ａ）個人の意思の制圧と，（ｂ）権利・利益侵害にあるのだということになります。一言でいうと，個人の意思に反する（重要な）法益侵害を伴う捜査が強制捜査ということです。これを法益侵害説といいます。現在の判例・通説はこの考えをとっています。

　２つめの意義は，本件はこの法益侵害説基準に従えば任意捜査ですが，本決定は，任意捜査であっても必要性，緊急性，具体的状況下での相当な限度（相当性）という要件を充たさなければならないとしました。これらの要件を充たさないと違法になる，というのです。以上から，本件のような有形力行使の事例でいうと，強制捜査か否かを法益侵害基準で判断して強制処分だとされたら，令状がなければ違法になるというレベルと，強制捜査ではないとしても，任意捜査として許される要件（必要性，緊急性，相当性）を充たさなければ違法になるというレベルが区別されることになります。やや複雑ですが，当該捜査の違法について，いわば二段階のチェックがなされることになります。

　なお，「個人の意思の制圧」とあるのは，この事件のように有形力の行使事例だからだという見方があります。たしかに，住居者が不在のアパートの居室を捜索する場合，権利侵害される人間が誰もいないので「意思の制圧」はないようにみえます。しかし，ここでいう「意思」は，現実の意思だけでなく，かりに本人が現場にいたら承諾しなかったと推定される場合の「推定的意思」も含めて考えることができますので，いずれの場合も意思に反するとしてよいでしょう。

## 2．有形力の行使を伴わない強制捜査について

### （１）プライバシー侵害類型の強制捜査
　強制捜査の判例の定義は，意思に反する「身体，住居，財産等」への

制約ないし侵害でしたが，ここに列挙されている権利・利益は例示であり，プライバシー権も含まれると解されています。

　そうすると，有形力を行使する場合でなくても，強制捜査は観念できますし，その場合は令状が必要ということになります。たとえば，電話による会話を機器を使って盗聴する行為は，物理的有形力は使っておらず，また，盗聴される通話者は知らないわけですが，これを任意捜査として放置することはできないでしょう。盗聴によって個人のプライバシー，通信の秘密が害されるのですから，盗聴は強制捜査であり，司法的チェックが必要になります。ただ，捜査機関の盗聴行為を令状によって規制する仕組みは，1999年に制定された通信傍受法によってはじめて作られました。ということは，それ以前は，通信傍受（盗聴）という強制処分を許可する法律がなかったわけですから，強制処分法定主義からいって，法律上できないはずです。ただ，最高裁は1999年12月16日の決定で，立法の以前に検証令状を使って電話の通話内容を「検証」（傍受）した捜査方法を適法としています。たしかに，検証令状を事前に発付してもらっている点で司法審査を経ているといえないわけではありませんが，理論的にも「会話」内容を検証するという無理をしているとの批判があります。

　そのほか，写真撮影も任意か強制かが問題になり得ます。高性能の望遠レンズを使って，ふつうは他人の目に触れない生活空間を撮影したら，プライバシー権が大きく害されますので，強制捜査になると思われます。というように，有形力を行使しない類型の捜査行為が任意か強制かは，法益侵害性の程度を実質的に判断して決めることになり，ときに難しい判断を強いられることがあります。次に紹介するエックス線検査事件が，その好例といえましょうか。

## （2）エックス線検査と令状主義

　この事件で問題になったのは，宅配便荷物の所有者に無断で，空港税関にある設備を使ってエックス線検査をしたことが許されるか，ということでした。そこでまず，私たちが空港で飛行機に乗る際に，手荷物を空港係員に差し出し，手荷物検査をしてもらうことをどう考えたら良いかを検討することにしましょう。手荷物検査は，飛行機の乗客に事実上強制されますが，基本的に乗客の任意の同意のもとに行われているといってよいでしょう。いわば，空の安全のため協力しているわけですし，公共の安全という公的な目的もあります。これに対して，この事件で問題になったのは，宅配便の送り主も受け取り主も知らないところで，無断で行われたエックス線検査です。事実関係を少していねいにみていきましょう。警察官Ｑ等は，Ｒ会社が覚せい剤の密売に関わっていると疑い内偵を進めていましたが，この会社が東京の暴力団関係者から宅配便で覚せい剤を仕入れているとの疑いが生じました。そこでＱは，宅配便業者の営業所に対して，Ｒ社の事務所に関わる宅配便荷物の配達状況について照会をしました。すると，同事務所には短期間のうちに多数の荷物が届けられており，その配送伝票の一部には不審な記載のあることが判明しました。そこでＱ等は，5回にわたり，同事務所に配達予定の宅配便荷物のうち不審なものを借り出し，それらにつき関西空港内大阪税関においてエックス線検査を行いました。その結果，荷物内に細かい固形物が均等に詰められている長方形の袋の射影が観察されました。その後，宅配便荷物は通常の運送ルートに乗ってＲ社事務所に配達された，というのが事実経過です。この検査について，荷送り人，荷受人の双方とも承諾はしていません。

　Ｒ社の関係者は，覚せい剤取締法違反の罪で起訴されます。弁護人は，本件エックス線検査は，任意捜査の範囲を超えた違法なものであり，証

拠とされた覚せい剤および覚せい剤原料は同検査により得られた射影の写真にもとづき取得した捜索差押許可状により得られたものであるから，違法収集証拠として排除されなければならない，と主張しました。

　第1審及び第2審判決は，エックス線検査は射影により内容物の形状などは分かるが具体的に特定できないのでプライバシー侵害の程度は極めて低いとして適法な任意捜査だと判断しました。これに対して，最高裁2009年9月28日決定は，次のような理由を示して本件エックス線検査が強制捜査にあたり，令状がないから違法だという注目すべき判断を示しました。「本件エックス線検査は，荷送人の依頼に基づき宅配便業者の運送過程下にある荷物について，捜査機関が，捜査目的を達成するため，荷送人や荷受人の承諾を得ることなく，これに外部からエックス線を照射して内容物の射影を観察したものであるが，その射影によって荷物の内容物の形状や材質をうかがい知ることができる上，内容物によってはその品目等を相当程度具体的に特定することも可能であって，荷送人や荷受人の内容物に対するプライバシー等を大きく侵害するものであるから，検証としての性質を有する強制処分に当たるものと解される。そして，本件エックス線検査については検証許可状の発付を得ることが可能だったのであって，検証許可状によることなくこれを行った本件エックス線検査は，違法であるといわざるを得ない」，と。

　下級審と最高裁の判断が分かれたポイントは，宅配便荷物の内容物をどの程度特定することが可能か，という点についての評価の違いであったように思われます。エックス線検査による特定可能性は，性質上それほど完璧なものではありませんが，完璧でないから「任意」捜査とみるか（1，2審），「内容物によってはその品目等を相当程度具体的に特定することも可能」な点をとらえて「強制」捜査とみるか（最高裁）の違いが生じたということでしょう。後者の見方のほうが，捜査に対して，

より厳しい規制となることはいうまでもありません。同様のことは，次のGPS捜査でも問題になります。

**（3）GPS捜査と令状主義**

　GPSというのは，グローバル・ポジショニング・システム（Global Positioning System）のことで，全地球測位システムと訳されることがありますが，近年は端的にGPSと呼ばれています。この技術はもともと軍事目的で開発されたもので，カーナビや携帯電話への搭載など民間用に利用されるほか，犯罪捜査にも使われ始めました。そして，2012年，アメリカの連邦最高裁判所は，追跡のためGPS装置を被疑者の自動車に取り付ける行為は，個人の財産（自動車）に対する物理的侵害だとして，無令状のGPS装置の設置を違法と判断したのです（United States v.Jones, 132 S.Ct.945〔U.S.2012〕）。

　日本では，2015年1月27日，大阪地裁が証拠に関する決定で，GPS捜査の適法性に言及する判断を示し，注目を集めました。この事件は，大阪，長崎など5府県にわたる店舗荒らしを繰り返したとされる被疑者（多数）の車両19台にGPS発信器を取り付けて尾行し，携帯電話で位置情報を取得して被疑者らの車をビデオカメラで撮影し，その映像などを公判に証拠提出したというものです。弁護人は，GPS装置の取り付けについて令状を取得しておらず，プライバシー権を侵害する違法捜査であって証拠能力がないと主張しました。大阪地裁は，GPS捜査の必要性について，犯人はナンバープレートを付け替え，高速道路の自動料金収受システム（ETC）を突破するなど高速度で広範囲を移動しており，尾行は困難でGPSは必要だったとしたうえ，GPS装置の設置は尾行の補助手段であって，記録も蓄積されておらず，プライバシーは大きく侵害していないとして，証拠採用しました。

しかし，2015年6月5日，大阪地裁の別の部で，共犯者の1人ついての公判においてGPS装置によって得られた証拠を違法だとして証拠排除する決定がなされました。決定は，GPS捜査が「対象者のプライバシーを大きく侵害し，強制処分にあたる」と指摘し，令状なしに行った捜査は違法だとしたのです。

　GPS捜査については，判例もまだ乏しく，どのような態様の捜査なら許されるのか，どのような要件と手続が必要かについても，議論は十分ではありません。立法論を含め，多面的に検討される必要がありそうです。

## 3. 令状のない捜索・差押え

### （1）逮捕に伴う捜索・差押えは，なぜ令状主義の例外なのか？

　ところで，捜索・差押え・検証という物や場所などに対する強制捜査に令状が必要だという憲法35条の原則には，例外があります。それは，憲法35条の文言の中に，「第33条の場合を除いては」とあるように，逮捕する場合には，令状なく捜索，差押え等ができるのです。刑事訴訟法も，これを承けて，「逮捕する場合に」，「逮捕の現場で」，差押え，捜索または検証ができると規定しています（220条1項2号）。なぜこのような例外が認められるのかについて，2つの考え方があります。ひとつが合理説，他のひとつが限定説です。合理説は，逮捕状がだされるような相当な理由があるときは，逮捕現場に証拠が存在する可能性が高いので，証拠収集手段として捜索・差押えが許されると説明します。最高裁1961年6月7日大法廷判決も，合理説にたって，逮捕の場合には，「令状によることなくその逮捕に関連して必要な捜索，押収等の強制処分を行なうことを認めても，人権の保障上格別の弊害もなく，且つ，捜査上の便

益にも適うことが考慮されたによるものと解される」，として合理説にたちます。これに対して限定説は，合理説では例外の範囲が広すぎると批判し，憲法上の例外なのだから限定的なものでなければならず，その例外としては，逮捕行為を完遂するために必要な緊急的措置，すなわち被逮捕者の逃亡を防止し，また逮捕者の安全を図り，罪証隠滅を防ぐ最小限度の行為のみが許される，と考えます。

以上の2つの考え方の違いが端的にあらわれるのが，逮捕前に捜索等に着手できるか，という問題です。先にあげた，合理説をとる最高裁大法廷判決（1961年6月7日）は，逮捕の着手前の捜索を認めます。実は，この事件の原審である高裁判決では，限定説をとって，「刑訴220条1項後段の規定によつて行なう捜索，差押は，緊急逮捕に着手した後に開始することを要し，緊急逮捕に着手しないで捜索，差押を先に行なうことは許されない」としていました。これに対して最高裁は，「逮捕との時間的接着を必要とするけれども，逮捕着手時の前後関係は，これを問わないものと解すべきであつて，……例えば，緊急逮捕のため被疑者方に赴いたところ，被疑者がたまたま他出不在であつても，帰宅次第緊急逮捕する態勢の下に捜索，差押がなされ，且つ，これと時間的に接着して逮捕がなされる限り，その捜索，差押は，なお，緊急逮捕する場合その現場でなされたとするのを妨げるものではない」として，逮捕前に捜索を開始して麻薬を発見した本事案の捜査を適法と判断しました。

その後の判例も合理説を採っています。ただ，合理説を採ったとしても，逮捕を予定している被疑者が結局戻らなかったため逮捕もできなかったときは，その捜索・差押えはさかのぼって違法になります。問題は時間的先後であって，およそ逮捕のない捜索・差押えは，法律をどう解釈しても適法とはいえないからです。

## （2）捜索・差押えの限界，または別件捜索

　逮捕に伴うときに捜索・差押えが無令状でできるという例外は，ときに濫用されることがあります。少し古い札幌の事件で，裁判所から，軽微な事案の逮捕の機会を利用し余罪の証拠収集をしたものと批判された裁判例があります。事案は，暴力団員である被告人Xが内妻の妹を平手で1度殴打したという暴行罪です。殴ったのは，妹が姉に対して覚せい剤を使用しているのではないかと責めたからです。警察は，逮捕状の発付を受け，Xを自宅で逮捕するとともに，その際，逮捕に伴う強制処分であるとして，自宅居室内を捜索し，逮捕理由となった暴行事件に関する証拠は発見されませんでしたが，Xが逮捕直前まで寝ていた布団の枕元の畳の上にあった桐の木箱及びその傍らにあった紙袋の中から覚せい剤入りのビニール小袋，注射器一式などが発見されたので，Xを覚せい剤所持罪の現行犯で重ねて逮捕するとともに，発見されたこれらの物を覚せい剤取締法違反に関する証拠物件として差し押さえた，というものです。そもそも，この程度の「暴行」で逮捕する必要性があったかどうか，疑問もあります。かりに逮捕が適法だったとしても，その場の勢いで平手で叩いた行為（暴行）の証拠が逮捕現場に存在する可能性があったとは考えにくいと思われます。検察官は，現場に「暴行被疑事件に関して被告人が記載したメモ，日記，わび状の類が存在すると思われたほか，右暴行事件の背景事件に関連して被告人の内妻による覚せい剤使用の嫌疑が見込まれ，注射器等も存在すると思われ」たとしていますが，札幌高裁は，「右のようなメモ，日記類などの存在を期待しうる状況にあつたかどうか疑わしく，また，Y子［内妻］が使用した注射器等も，暴行事件に関する証拠として収集すべき実際上の必要性があつたかどうか甚だ疑問」だとしました。また，捜索の態様が，「居間，寝室，玄関，便所に至るまで捜索し，押入をあけてみたり，ストーブまわりを調べた

り，『ぬいぐるみの犬』の飾り物を壊してその中を調べたり」というものであったことをあげ，札幌高裁1983年12月26日判決は，結論として，「警察官らは右暴行事件による被告人の逮捕の機会を利用し，右暴行事件の逮捕，捜査に必要な範囲を越え，余罪，特に被告人又はＹ子による覚せい剤の所持，使用等の嫌疑を裏付ける証拠の発見，収集を意図していたものと認められる」と判示し，本事案における捜査を違法としました。

　この事案は，逮捕に伴って例外的に許される捜索・差押えを，軽微な暴行事件を口実に覚せい剤捜査のために利用したもので，その点を裁判所から厳しく批判されました。令状による審査だけでなく，令状主義の例外が認められる範囲も，嫌疑がもたれている個々の被疑事実ごとに審査されなければならず，それをしないと，この札幌高裁の事案のような濫用的運用にいたる危険性もあるのです。


【学習課題】
1．強制捜査と任意捜査は，なぜ区別する必要があるのでしょうか。
2．強制捜査に対する法的規制として，強制処分法定主義と令状主義がありますが，両者はどう違うのでしょうか。
3．プライバシー侵害を伴う捜査方法は，任意捜査でしょうか，強制捜査でしょうか。
4．逮捕に伴う場合に令状なく捜索・差押えが許されるのはなぜでしょうか。

## 参考文献

- 井上正仁『強制捜査と任意捜査［新版］』（有斐閣，2014年）
- 川出敏裕「任意捜査の限界」『小林充・佐藤文哉古稀祝賀・刑事裁判論集』下巻（判例タイムズ社，2006年）23頁
- 緑大輔「監視型捜査における情報取得時の法的規律」法律時報87巻5号65頁

# 12 | 被疑者と防御権

《目標＆ポイント》 捜査段階の被疑者は，たんなる捜査の対象ではなく，みずから防御の主体でなければなりません。そのために法は，被疑者に黙秘権，弁護人依頼権などを認めていますが，それらは十分に機能しているのでしょうか。被疑者のおかれた立場をめぐる実務上の課題について，憲法の保障する適正手続の保障の観点から，検証することにしましょう。
《キーワード》 黙秘権，弁護人依頼権，接見交通権

## 1．黙秘権はなぜ重要な権利なのか？

### （1）被疑者の防御権

　捜査の対象とされ，犯人として疑われている人を被疑者といいます。起訴されると，（出世魚ではありませんが）被告人と名前が変わります。ですから，被疑者は，捜査段階で捜査や取調べの客体となっている人のことだといえます。すでに第9章でやりましたが，捜査は，被疑者の身柄を確保したり，将来の刑事裁判に備えて証拠を集める捜査機関の活動のことをいいます。被疑者の側からいうと，ときに厳しい捜査の対象となるため人権侵害が起きやすいこと，被疑者の自白を含む捜査機関の証拠収集活動に対抗して，将来の公判に備えた準備活動が必要なことなどから，捜査段階にこそ十分な防御権の保障が必要なのです。防御権という言葉は，被疑者・被告人が（文字通り）防御のために認められている黙秘権や弁護権の総称であって，憲法や刑事訴訟法に書かれているもの

ではありません（なお，弁護士職務基本規程46条に「防御権」が登場します）。しかし，刑事裁判の仕組み，構造を憲法の理念である適正手続の保障（憲法31条），公平な裁判所（同37条1項），令状主義（同33条，35条），弁護人依頼権の保障（同34条，37条3項）などを基本にして考えれば，被疑者・被告人は捜査・訴追機関が当事者であるのと同じ意味で当事者であり，防御の主体でなければなりません。

　防御権の意義を，えん罪防止という観点から基礎づけることも可能です。過去の数多くのえん罪は，その原因をたどっていくと違法な捜査，たとえば許されない別件逮捕，無理な取調べによる虚偽自白の獲得などが原因だとされますが，これは見方を変えれば，違法捜査に対するチェックが十分に果たされていなかったからだともいえます。この点からいっても，被疑者・被告人が十分に防御権を行使できるように保障することは，えん罪防止に大変有益です。とりわけ日本の現行システムのように，当事者の主張・立証によって裁判が進行し，裁判所はアンパイヤとして中立的・消極的立場にたつ刑事裁判では，訴追側＝原告の直接のターゲットになる被疑者・被告人に「武器」を与え，訴追側と対抗することが，間違った有罪判決を防ぐために有効なのです。

　捜査における防御権についていうと，日本の刑事裁判が捜査に比重がおかれ，捜査段階で事件の帰趨が決まってしまい，起訴後の有罪率が100パーセントに近いという実情からすれば，捜査段階においてこそ防御権が十分に保障される必要があるのです。

　では，被疑者は防御権として，具体的にどのような権利を保障されているのでしょうか。おそらく，防御権のうちで最も重要なものが黙秘権だと思われます。憲法38条1項は，「何人（なんぴと）も，自己に不利益な供述を強要されない」と規定して，広く不利益な供述の強要を禁止しています。もうひとつ，重要な権利が弁護人依頼権です。憲法でいう

と，弁護人依頼権の保障がないままに身体を拘束されることはない権利が憲法34条で保障され，広く弁護人の援助を受ける権利が37条3項によって保障されています。弁護人依頼権とは，たんに弁護士に援助を「依頼」するだけの権利ではなく，現実に有効な弁護を受ける権利をいいます。黙秘権と弁護権は，いわば車の両輪のように，お互いに被疑者の防御活動を支えているのです。さらに，弁護人依頼権の内容のひとつとして，被疑者が弁護人と面会する権利，すなわち接見交通権も非常に重要なものです。本章ではこれらの課題を扱うことにしましょう。

### (2) 黙秘権の意義と重要性

まず，黙秘権の保障についてです。憲法の条文は，自分に不利益な供述だけを拒否できるように読めますが，一般に有利・不利を問わず一切の供述を拒否できる供述拒否権が保障されていると解すべきでしょう。黙秘権とは，英語でいえば「沈黙への権利」(right to silence)，つまり自分に向けられた嫌疑を否定する権利にとどまらず，答えない（沈黙する）権利なのです。真相を追求しようとする捜査官からは歓迎されないでしょうが，これが憲法に書かれている意味を考えてみる必要があります。理屈からいうと，捜査官の取調べに対して，「私はやっていません」と答えることが許され，それに対して制裁や不利益処分がないのであれば，被疑者の人権侵害はなさそうにみえます。もしそうなら，日本国憲法をはじめ，諸外国の法令，国際人権法などで黙秘権が必ず保障されているのは，なぜなのでしょう。その理由ないし背景というのは，歴史的な事情です。国内外を問わず，「犯人」として検挙された者に人権が手厚く認められるようになったのは，比較的最近のことなのです。日本でいうと，明治初期の刑事法であった新律綱領（1870年），改定律例（1873年）は，法制度として拷問を擁しており，実際にも自白させるために拷

問を多用していました。その後，日本初の西洋式刑事訴訟法である治罪法（1880年）ができ，制度としての拷問はなくなりましたが，違法な取調べはなくならず，とくに戦時中の刑事手続で多くの人権侵害が起きました。戦後，現在の刑事訴訟法を制定する際，この点が問題にされ，憲法，刑事訴訟法の中に，権力の濫用を防止するため種々の規定がおかれたのです。もちろん，黙秘権もそのひとつです。

以下に，刑事訴訟法の黙秘権規定をあげておきます。

<u>被疑者の黙秘権</u>　被疑者を取り調べる際には，「被疑者に対し，あらかじめ，自己の意思に反して供述をする必要がない旨を告げなければならない」（刑事訴訟法198条2項）。

<u>被告人の黙秘権</u>　起訴後，第1回の公判期日において，裁判長は，「被告人に対し，終始沈黙し，又は個々の質問に対し陳述を拒むことができる旨その他裁判所の規則で定める被告人の権利を保護するため必要な事項」を告げなければいけません（同291条3項）。被告人質問（一種の証人尋問）のとき，被告人は，「終始沈黙し，又は個々の質問に対し，供述を拒むことができる」（同311条），とされています。

<u>被疑者・被告人以外の者の黙秘権</u>　誰でも，証人として法廷で証言しなければならない場合に，「自己が刑事訴追を受け，又は有罪判決を受ける虞（おそれ）のある証言を拒むことができる」（同146条），とされています。

### （3）黙秘権の内容

以上のとおり，刑事訴訟法では黙秘権が広く認められています。では，この黙秘権の権利の内容はどのようなものか，について見ていくことにしましょう。黙秘権ですので，基本的に沈黙（silence）する権利ということですが，ここから，①黙秘したことに対する制裁の禁止，②黙秘権

を侵害して得られた証拠の排除（証拠能力の否定），③不利益推認の禁止が導かれます。いずれも当然のことで，とくに難しい内容ではないと思いますが，それぞれについて簡単に説明を加えておきます。

　①不供述への制裁の禁止ですが，法制度上はそのような規定はありません。ただ，運用面でみると，共犯者のうち否認している被告人だけ保釈が認められなかった例（たとえば，村木事件）など黙秘権との関係で問題になりそうな事例がないわけではありません。また，日本の取調べの実務では，取調べ受忍義務が認められ，黙秘すると宣言しても長時間の取調べが続けられることになりますが，これも不供述への制裁にあたらないか，問題になる可能性があるように思われます。

　②黙秘権を侵害して得られた自白の排除は，本書第14章で扱う違法収集証拠排除法則と同様の趣旨にもとづくもので，黙秘権の保障を実効あらしめるために排除されるのです。また，取調べに問題があって任意性を欠く自白は，自白法則という証拠法上の理由で証拠排除されますので（刑訴法319条1項），黙秘権侵害からいきなり証拠排除される例はあまり多くないと思われます。

　③黙秘権を行使したことをもって被疑者・被告人に不利益な推認をすることを禁止するものです。これについては，裁判例をひとつ紹介しましょう。札幌で起きた城丸君事件という事件で，被告人は捜査段階から一貫して黙秘していました。公判廷で被告人質問がなされ，そこでも被告人は，検察官の個々の質問に対して沈黙するか「お答えすることはありません」と供述するだけでした。検察官は，「捜査・公判を通じて，自己に有利な説明や弁明をする機会があったにもかかわらず，一切供述を拒否し説明も弁明もしなかったことは，被告人が殺意をもってAを死亡させたことを推認させるものである」と主張しました。弁明しないで黙秘することから犯行を推認できる，というのですから，③不利益推認

の禁止に抵触する主張といえます。この主張に対して，札幌高裁2002年3月19日判決は，「被告人の黙秘・供述拒否の態度をそのように1個の情況証拠として扱うことは，それはまさに被告人に黙秘権，供述拒否権が与えられている趣旨を実質的に没却することになるのであり，その所論は到底受入れることができない」と述べて，検察のこの主張をはっきり否定しました。

なお，城丸君事件の公判における被告人質問において，検察官の質問は2回の公判期日合わせて約400回（400問）に及びました。札幌高裁はこの点にも触れて，「被告人が明確に黙秘権を行使する意思を示しているにもかかわらず，延々と質問を続けるなどということはそれ自体被告人の黙秘権の行使を危うくするものであり疑問を感じざるを得ない」と厳しく批判しました。質問を続けることじたい，黙秘権の3つの内容に直接反するものではありませんが，それが異常なほど繰り返されることで，黙秘することへの圧迫になる可能性もでてきます。札幌高裁のこの点の判断も，黙秘権が認められる趣旨からみて妥当なものだと思われます。

## 2. 弁護人の役割と義務

### （1）被疑者弁護制度の沿革と現状

被疑者の弁護権について，現行刑事訴訟法（1948年公布）は，憲法34条前段の弁護人依頼権の保障を実現するため，接見交通権（39条1項）を規定するほか，一般的に「被疑者は，何時でも弁護人を選任することができる」（30条1項）との規定をおきました。ただし，当初は国選弁護人は起訴後の被告人に限られたため（37条），従前は被疑者に弁護人がつくのは，労働・公安事件やホワイトカラー犯罪など，極めて限ら

たケースだけで，大半の事件では，起訴されるまでは弁護人のいないまま手続が進行する，という事態が常態化していました。起訴後，国選弁護人が付され，被告人と接見する頃には，自白調書をはじめとする証拠固めが終わっており，弁護人のできることといえば，情状立証で多少とも刑を軽くするように裁判所にお願いするだけ，といった状態が続いていたのです。

このような事態を打開するため，日本弁護士連合会（日弁連）は，1990年に刑事弁護センターを設置し，起訴前弁護体制の強化を図る一環として，当番弁護士制度を発足させました。当番弁護士制度というのは，弁護士が1回だけ無料で逮捕・勾留された人に接見（面会）に行く制度です。成人だけではなく，未成年の少年でも当番弁護士を頼むことができます。もし，引き続き弁護を頼みたければ，私選になりますが弁護人として依頼することもできます。この制度は，法改正によるものではなく，弁護士（弁護士会）が，いわばボランティアで接見を行うものです。1990年に大分県で開始されたこの制度は，1992年には全国で実施され，警察や裁判所の協力（制度の説明など）もあって，利用件数が一気に増加するなど，かなりの実績をあげてきました。当番弁護士制度の役割としては，①黙秘権や手続の流れの情報を被疑者に説明する，②被疑者が不当な扱いを受けていないかなど適正手続の監視，③被疑事件についての防御活動などです。ただ，③防御活動については，1度だけの面会ですので，限界のあることも指摘されていました。そこで次に登場するのが，日本で初めての被疑者国選弁護制度です。

2004年，司法改革のため刑訴法の大改正が行われます。このとき，被疑者国選弁護制度が，裁判員制度等とともに立法化されました（実施は2006年から）。この新しい弁護制度には2つの類型があります。第1に，請求による国選弁護で，死刑，無期もしくは短期1年以上の懲役・禁固

にあたる事件について勾留状が発せられている場合に，被疑者が貧困その他の事由で弁護人を選任できないとき，裁判官は請求により国選弁護人を付さなければならないというものです（刑訴法37条の2）。第2の類型は，職権による国選弁護で，第1の類型にあたる事件で，勾留状が発せられ弁護人がいない場合について，精神上の障害その他の事由により弁護人を必要とするかどうか判断することが困難である疑いのある被疑者について必要があるとき，との要件で認められるものです（同37条の4）。国選弁護人の選任は，被疑者が釈放されたときは，その効力が失われます（同37条の2）。あくまでも，身体拘束中の被疑者にのみ認められたものなのです。

　2009年からは，国選事件の対象が拡大され，「死刑又は無期若しくは長期3年を超える懲役若しくは禁錮にあたる事件」について，国選弁護人が付されることになりました。

　新しい国選弁護制度を支えるため，日本司法支援センター（法テラス）が設置されました。国選弁護人選任の請求を受けた裁判官は，このセンターに国選弁護人候補者を指名して通知するよう求めることになりました。これも，2001年以降の「司法改革」の成果のひとつといえます。

**（2）弁護人の誠実義務**

　被疑者弁護の沿革を簡単にたどりました。被疑者に弁護人が付くことじたい稀だった時代から，軽微事件を除くふつうの刑事事件の被疑者に，（国選か私選かは別にして）弁護人がつく時代になったということです。いわば，弁護の量的拡大が起きたわけで，そこで改めて刑事弁護人の職業倫理が問われることになりました。日弁連では，2004年の総会で，従来の「弁護士倫理」に代えて，「弁護士職務基本規程」を採択しました。その46条は，「弁護士は，被疑者及び被告人の防御権が保障されている

ことにかんがみ，その権利及び利益を擁護するため，最善の弁護活動に努める」と定めています。一般に，同条にある「被疑者・被告人の権利・利益を擁護する義務」のことを誠実義務と呼んでいます。

　誠実義務で問題になるのは，被疑者・被告人の権利・利益の擁護以外の任務を果たすべき場合があるかどうか，です。これには対立する2つの考え方があります。第1の見解は，弁護人の任務には被疑者・被告人の権利・利益擁護以外のものがある（真実，正義など），というものです。そして第2の見解は，誠実義務とは被疑者・被告人の権利・利益の擁護に尽きると考え，それ以外の任務や目的を認めない考え方です。これまでの多数説は，前者の見解をとってきました。この見解によれば，たとえば，被告人が主張しなくても適正手続の実現のために，違法収集証拠排除法則を主張して証拠の排除を求めることを認めます。第2の見解は，もし被告人が望まないなら，証拠収集手続に違法があっても排除を求めて被告人の手続負担を増やすべきではないといいます。この2つの説の対立は，見かけほど大きくないかもしれません。排除法則の主張も，究極的には被告人の利益になるものであり，手続負担の点は弁護人と被告人との話し合いで解決すれば良いと思われるからです。

　裁判例で，（誠実義務という言葉は用いてませんが）誠実義務が争われたものがいくつかあります。東京地裁1963年11月28日判決は，弁護士を相手にした民事の損害賠償請求事件です。原告の元被告人は，被告である弁護士が控訴審で，1審の記録を読んだだけで「被告人の行為は戦慄を覚えるもので，控訴理由はない」という内容の控訴趣意書を裁判所に提出し，そのため1審の死刑判決が確定してしまったというものです。東京地裁は，刑訴法上控訴審の弁護人には「第1審終結前に取調べ請求できなかった証拠」「量刑については第1審判決後の事情」を調べることもできたことをとらえ，弁護人の義務違反を認めています。

次に，東京地裁1999年1月26日判決で問題になった弁護は，当時の弁護人が刑事記録の謄写の点など被告人の要請に応じないまま弁護活動したことにつき，「原告（元被告人）の要請に応じなかった被告（元弁護人）の措置が，弁護人として許される合理的な裁量の範囲を逸脱した違法なものと断定することは困難というべきである」として，弁護人に（誠実）義務違反を認めませんでした。

弁護人の誠実義務違反が正面から争われた最近の最高裁判例として，最高裁2005年11月29日決定があります。事案は，共犯者とともに営利略取・逮捕・監禁・殺人・死体遺棄を行った罪で起訴された被告人が，審理の途中で全面否認に転じたのに，弁護人は変更前の被告人の供述を前提に，有罪を基調にした弁論を行ったことが誠実義務違反にあたらないか，争われた事件です。最高裁は，全面否認後の被告人の主張と，弁護人の最終弁論の基調となる主張の間に「大きな隔たり」があることを認めつつ，弁護人は，被告人が第1審公判の終盤まで維持していた供述を踏まえ「その中で被告人に最大限有利な認定がなされることを企図した主張をしたものとみることができる」こと，また，弁護人は，否認に転じた後の被告人の「供述も信用性の高い部分を含むものであって，十分検討してもらいたい旨を述べたり，被害者の死体が発見されていないという本件の証拠関係に由来する事実認定上の問題点を指摘」していたことなどをあげ，原裁判所の手続に違法はないとしました。この結論の当否については，事実判断のもとになる詳細な事情が分からないままコメントはできませんが，上記第2の見解の論者からは，被告人が否認に転じた以上，ともに否認の立場から弁論すべきだという主張がされています。なお，この最高裁決定には上田豊三裁判官の補足意見が付されています。補足意見は，本件の論点が「誠実義務」の問題であることを明言したうえ，弁護人が「法律専門家（刑訴法31条1項）ないし裁判所の許

可を受けた者（同条2項）として，真実発見を使命とする刑事裁判制度の一翼を担う立場をも有している」ことから，弁護人の追求すべき「被告人の利益」が何かの判断は，「第一次的に弁護人にゆだねられると解するのが相当である」とされ，はっきり第1の見解にたつ姿勢を示しています。

　実務ではなお第1の見解が支配的だと思われますが，第2の見解も有力に主張されており，今後どのような展開になるか注目されます。

### (3) 弁護人の真実義務

　弁護人の誠実義務と並んで問題とされるのが，弁護人の真実義務です。真実義務がとくに問題になるのは，①被告人が無罪主張をしているが，弁護人にだけ「実は自分が真犯人である」と打ち明けた場合と，②被告人が弁護人にだけ，「自分はAの身代わり犯人だ」と打ち明けた場合の2つです。

　まず，①「打ち明け話」のほうから検討しましょう。この場合，被告人の希望に沿って弁護活動をすることは真実ないし正義に反することになりますが，弁護人が追求すべき正義は被告人の利益保護を通じて達成されると考えれば（まさに，当事者主義思想です），検察側の立証の不備を突いて無罪弁論をすることに問題はないと考えられます。法哲学者のラートブルフは，「有罪者は罰せられるべきである，という法規と並んで，罪の立証された者のみが有罪の宣告を受けるというべきである，という他の法規が同等の価値をもって存在する」と言っていますが，まさにこのことでしょう。刑事裁判には客観的な真実なるものはなく，訴訟で証明されたものが真実とみなされるのです。だとすれば，当事者である弁護人としては，被告人を有罪にするだけの証拠があるか否か，なければ無罪でいいのだ，という姿勢でかまわないのです。ただし，それ

以上に，たとえば，虚偽であることを知っていてその証拠を提出することは許されないというべきです（弁護士職務基本規程75条参照）。

次に，②「身代わり犯人」のほうは，より難しい問題があります。弁護人の地位・職務について，被告人の権利・利益擁護に尽きると考える立場にたったとしても，身代わり犯人として刑務所に入ることが被告人の利益とは言いにくいからです。しかし他方で，弁護人には，重い守秘義務があります。弁護士法23条は，弁護士は「その職務上知り得た秘密を保持する権利を有し，義務を負う」と定め，刑法134条は，弁護士が秘密を漏らした場合に秘密漏示罪で処罰することを定めています（ほかに，弁護士職務基本規程23条）。したがって，被告人から打ち明けられたことを外部に漏らすことはできません。ここに深刻なジレンマが生じます。このような立場にたたされたら，弁護人を辞任すべきだ，あるいは身代わり犯人であることを隠して弁護すべきだ，法廷にあらわれた証拠をもとに無罪弁論をすべきだなど，様々な見解が主張されていますが，いずれも説得力に欠けるように思われます。幸いというか，このような事案は多くはないようですが，まったくないわけではありません。自分が弁護士だと仮定して，皆さんも考えてみてください。

## 3．接見交通権（面会の権利）の重要性

### （1）接見交通権はなぜ重要か？

弁護人にとって，被疑者のための防御活動の中で重要なのが接見交通権です。被疑者は，逮捕・勾留されると外界から遮断され，留置施設に収容されたうえ，24時間警察の監視下におかれます。被疑者は防御の主体として，法律上は黙秘権など権利を手厚く保障されているはずですが，拘禁というそれじたい非常に大きな権利制約を受けた状態では，権利が

ある，といっても「絵に描いた餅」になってしまいます。接見交通権は，このような厳しい環境におかれた被疑者が，防御権を実効的に行使するために認められた，被疑者と弁護人の面会の権利のことをいいます。この権利は，被疑者の取調べに弁護人が立ち会うことを許されない現行の捜査実務のもとで，弁護人と被疑者が直接顔をみながら相談できる唯一の機会を保障するものです。憲法34条第1文は，「直ちに弁護人に依頼する権利を与へられなければ，抑留又は拘禁されない」として，身体拘束された者の弁護人依頼権を憲法上の権利として保障しています。ここに弁護人依頼権とは，実効的な弁護を受ける権利を含むものと解されており，その中心的な権利が接見交通権（刑訴法39条1項）なのです。このことは，1978年7月10日の最高裁・杉山判決でも認められています。杉山判決は，次のように述べています。「憲法34条前段は，何人も直ちに弁護人に依頼する権利を与えられなければ抑留・拘禁されることがないことを規定し，刑訴法39条1項は，この趣旨にのつとり，身体の拘束を受けている被疑者・被告人は，弁護人又は弁護人となろうとする者（以下「弁護人等」という。）と立会人なしに接見し，書類や物の授受をすることができると規定する。この弁護人等との接見交通権は，身体を拘束された被疑者が弁護人の援助を受けることができるための刑事手続上最も重要な基本的権利に属するものであるとともに，弁護人からいえばその固有権の最も重要なものの一つであることはいうまでもない」。この判決が，接見交通権を憲法上の権利であると認めたのかどうかについては争いがあるのですが，接見交通権が憲法34条に由来する「刑事手続上最も重要な基本的権利」であることは，本判決によって確認されたといって良いように思われます。

　では，接見交通権は，なぜそれほど重要なのでしょうか。ここで接見交通権が果たす機能・役割について整理しておきましょう。第1に，被

疑者は接見の際に弁護人から，自分のおかれている状況，自分がもっている権利，今後の手続の流れなどの知識を得ることができ，第2に，外界から遮断され不安な心理状態におかれた被疑者が，外部者と面会できる貴重な機会であり，被疑者は接見をとおして精神的な援助を受けます。第3に，身体拘束下の被疑者が適切に扱われているか，適正手続に反する取調べが行われていないか等について，弁護人をとおして監視・抑制的な役割が期待できる，第4に，事件について不起訴獲得に向けた相談，起訴に備えた防御の準備のための打ち合わせをする，などの役割が考えられます。とりわけ，かなりの割合の事件で，弁護人以外の者との接見が禁止される措置がとられますので（刑訴法207条1項，80条），そのような場合は，弁護人との接見だけが被疑者と社会をつなぐ機会ともなるのです。

　しかし他方で，刑訴法39条には，1項の接見交通権を制約するものとして，3項に接見指定権なるものが規定されています。これによって接見の自由は大きく制限されることになり，接見交通権との「調整」が必要とされています。次にこの問題を検討することにしましょう。

### （2）接見交通権と接見指定権

　接見指定権というのは，検察官などの捜査機関が，捜査のため必要があるとき，被疑者と弁護人との接見の日時等を指定できるという権利のことをいいます。先の杉山判決は，接見指定権の行使によって接見交通権を害されたとして，その弁護人であった弁護士が起こした国家賠償請求事件なのです。そこで，接見指定が許される「捜査の必要」が何を指すのかが問題になります。先の杉山判決は，上に引用した接見交通権の一般論に続けて，次のように判示しました。

「身体を拘束された被疑者の取調べについては時間的制約があることからして，弁護人等と被疑者との接見交通権と捜査の必要との調整を図るため，刑訴法39条3項は，捜査のため必要があるときは，右の接見等に関してその日時・場所・時間を指定することができると規定するが，弁護人等の接見交通権が前記のように憲法の保障に由来するものであることにかんがみれば，捜査機関のする右の接見等の日時等の指定は，あくまで必要やむをえない例外的措置であつて，被疑者が防禦の準備をする権利を不当に制限することは許されるべきではない（同項但書）。捜査機関は，弁護人等から被疑者との接見の申出があつたときは，原則として何時でも接見の機会を与えなければならないのであり，現に被疑者を取調中であるとか，実況見分，検証等に立ち会わせる必要がある等捜査の中断による支障が顕著な場合には，弁護人等と協議してできる限り速やかな接見のための日時等を指定し，被疑者が防禦のため弁護人等と打ち合せることのできるような措置をとるべきである」。

最高裁は，下線部の事情があれば，捜査の必要があり，したがって接見指定できると判断したわけです。これで一定の絞りになっているようにもみえますが，「被疑者の取調べ」があれば「捜査の必要」が認められるとすると，連日長時間取調べが行われるような重大事件では，接見交通権が大幅に制限されることになってしまいます。そこで，刑訴法39条3項で接見指定できるという制度そのものに問題があるのではないか，つまり接見指定制度は憲法34条に反するのではないかという主張がなされるようになりました。しかし，最高裁は大法廷を開き，1999年3月24日の判決で，「刑訴法39条3項本文の規定は，憲法34条前段の弁護人依頼権の保障の趣旨を実質的に損なうものではない」と述べ，違憲論を明確に退ける判断を下しました。接見交通と接見指定の問題は，この判決によって判例上の決着をみたかたちになりました。

## （3）秘密接見の原則と国賠判例

　接見交通権は，立会人なくして認められることから（39条1項参照），秘密交通権と呼ばれることがあります。先に述べた接見交通権の役割・機能を発揮させるためには，秘密性がしっかり守られる必要があります。この秘密交通権が論じられるようになったのは，比較的新しく，裁判例で問題となったのは，志布志事件の接見国賠訴訟においてです。この事件は，最終的に1人を除き全員無罪（1人は裁判中に死亡）で確定した鹿児島県志布志町（当時）の選挙違反事件です。当時の弁護人が，被疑者らを取り調べた警察官が，弁護人との接見後の被疑者らから接見内容を聞き出して調書に作成したことを接見妨害にあたるとして，国賠を起こしたのです。鹿児島地裁2008年3月24日判決は，秘密接見が弁護人と被疑者の間の自由な意思疎通に不可欠であることを確認したうえで，「刑訴法39条1項の『立会人なくして』とは，接見に際して捜査機関が立ち会わなければ，これで足りるとするというにとどまらず，およそ接見内容について捜査機関はこれを知ることができないとの接見内容の秘密を保障したものといえ，原則的には接見後その内容を捜査機関に報告させることも許されないといえる」と判示して，被告（警察）の責任を認めました。

　接見後に捜査機関の取調べがある場合に，接見内容を聞き出すことはつねに違法になるのか，何らかの基準があるとすればそれはどのようなものか，など解決すべき課題がないわけではありませんが，この判決が秘密接見への侵害を認めた意義は大きいと思われます。

　秘密接見との関係で近時議論が起きているのが，接見室での録音，録画をめぐるトラブルです。刑事施設では法務省の2007年の通達で面会室内におけるカメラ等の使用を禁止する旨定めている一方で，日弁連は面会室内における写真撮影等は接見交通権に含まれるものとして保障され

ており，これを制限することや検査することは認められない旨の意見書を出しています。これに関する立法がないこともあって，問題は解決されないままです。東京地裁2014年11月7日判決（国家賠償請求事件）は，規定がないのに拘置所職員が接見を中断させたのは違法だと判示して原告の請求を認めました。関係者の間で何らかの折り合い点を探るか，あるいは立法による解決しかないかもしれません。この問題も，接見交通権が，捜査および施設管理の側の利益と鋭く対立する権利であることを示しています。

【学習課題】
1．被疑者の防御権には，どのような権利がありますか。
2．黙秘権が認められている理由はなんですか。黙秘権の効果として，どのようなものがあげられますか。
3．弁護人には誠実義務，真実義務があるといわれてますが，それぞれどのような内容の義務ですか。
4．接見交通権は，判例でも重要な権利とされていますが，現行法上どのような制約をうけますか。その制約と接見の権利はどう調整していったらよいですか。

## 参考文献

・佐藤博史『刑事弁護の技術と倫理』（有斐閣，2007年）
・渕野貴生「黙秘権の保障と自白法則」川崎英明・白取祐司編『刑事訴訟法理論の探究』（日本評論社，2015年）184頁
・村岡啓一「被疑者と弁護人の接見交通権」法学教室389号4頁
・後藤昭ほか編『実務体系現代の刑事弁護1 弁護人の役割』（第一法規，2013年）

# 13 | 起訴・不起訴の決定

《目標＆ポイント》 刑事裁判は，検察官が起訴しなければ始まらないことになっています。起訴するかしないかは，検察官の裁量に任されていますが，適正にこの訴追権が行使されるためにどのような制度的な手当がなされているのでしょうか。本章では，公訴（訴追）権の行使をめぐる諸問題について，被害者の観点も考慮しながら検討してみましょう。
《キーワード》 国家訴追主義，起訴便宜主義，準起訴手続，私訴制度

## 1．誰が刑事裁判を開始させるのか？

### （1）起訴のもつ意味

　起訴とは，刑事裁判を開始させる検察官の訴訟行為をいいます。起訴のことを訴追，あるいは公訴と呼ぶこともありますが，同じ意味だと思ってください。検察官がもつ起訴権限を，公訴権あるいは訴追権と呼びます。刑事手続において起訴が重要だとされるのは，この起訴がないと，刑事裁判は始まらないからです。起訴がないと，裁判所に事件はいきませんので，たとえ実体的にみて犯罪が行われたことがたしかだとしても（あなたが目撃者だと仮定しましょう），その事件が起訴によって裁判所に持ち込まれないため，手続的には存在しないのと同じなのです。したがって，あなたが目撃した「犯人」に刑罰を科すこともできません。刑法は，言い換えれば国家刑罰権は，結局，発動されないことになります。この点は，民事事件とは違います。民法に契約についての条文が多数あ

りますが，これらの規定は，民事裁判がなくても，たとえば，実際に市民が金銭を貸し借りするときに使われます。裁判がなくても「契約」ができる点は，刑事法とは大きく異なる点です。

　歴史的には，以上のことは自明ではありませんでした。今でいう裁判所にあたる機関が被疑者を確保し，みずから裁判を開始した時代もありましたが，長い歴史的経験から，裁判をする機関とは別に訴追する特別の機関があったほうが良いことに気づいたのです。ただ，その特別な機関を，現在の検察官のように国家を代表する専門の機関だけにするのか，あるいは一般公衆にも与えるのか，被害者にも認めるのかなど，いろいろな制度が考えられます。現在の日本は，刑訴法247条に「公訴は，検察官がこれを行う。」とあるように，検察官だけが訴追の権利をもっています。この点については後でもう一度触れることにします。

　ところで，条文にもある「公訴」あるいは「公訴権」とは，どういう意味でしょう。もともとは，「公訴権」という観念はフランス法の「action publique」に由来するもので，日本には1880年の治罪法（日本の一番古い近代的刑事訴訟法典）で「私訴（action civile）」とともに導入されました。それが，明治刑訴法で私訴が削除された後も，公訴権という用語だけは残ったのです。類似の概念に刑罰権という観念がありますが，（国家）刑罰権が権力作用の一側面をあらわす抽象的なものであるのに対して，公訴権は，正しく訴訟法上の訴追権能を示す技術的概念です。訴追権という言葉でもほぼ同じ内容を意味するのですが，私的利益のための訴権（私訴権）ではなく，社会公共の利益を代表して訴追権限を行使する点に着目して，刑事訴訟法も「公訴」という表現を用いています（247条）。先ほど起訴ないし公訴がないと刑事裁判が始まらないといいましたが，この点は民事手続も同様です。裁判に関する法のことわざに，「訴えなければ裁判なし」というのがありますが，まさにこの

ことをあらわしています。

　ただし，公訴を提起するには，一定の条件が揃っている必要があります。たとえば，事件について裁判所に管轄権がある，あるいは，公訴時効が完成していない，などです。これらの条件を訴訟条件といいます。公訴提起の条件という言い方をする学者もいます。第11章で親告罪の告訴の話がでてきましたが，親告罪について起訴しようとする場合，告訴は訴訟条件ということになります。

### （2）起訴の手続と形式

　起訴が行われることで刑事裁判が開始されます。ここで重要なのは，起訴された内容がその後の手続の基礎になりますので，起訴内容を安定した確実なものにするために，必ず書面を作らなければならないことです（書面主義）。その書面を起訴状といい，検察官は起訴するときは必ず起訴状を作成して裁判所に提出します。手続上，起訴状が裁判所に届けられ受理されたときが，起訴された日になります。この点は，公訴時効の完成が間近に迫った事件では大変重要な問題になります。起訴についてもうひとつ重要な点が，起訴状を必ず被告人に届けるということです。そもそも，被告人という名称も，起訴されたからこそ被疑者だった者が被告人になるのです。ここで，以上2点について説明を加えておきます。

　まず，公訴提起に関する書面主義ですが，刑事訴訟法は明文で，「公訴の提起は，起訴状を提出してこれをしなければならない。」（256条1項）としているだけでなく，起訴状に記載すべき事項として，①被告人の氏名，②公訴事実，③罪名をあげています（256条2項）。このうち，②の公訴事実とは，裁判で審理し証拠調べをして明らかにしようとする犯罪事実のことで，訴えの原因となった事実という意味で「訴因」ともいいます。公訴事実は，犯行の日時，場所，犯行態様などをできる限り

具体的に記載することが求められています。③罪名とは，殺人罪，強盗罪などの犯罪名のことですが，刑事訴訟規則により，罪名とともに根拠条文（罰条）も示すことが要求されています。殺人罪なら刑法199条，強盗罪なら刑法236条というように罪名とともに併記されます。

　次に，起訴状が必ず被告人の手元まで，遅滞なく送達されなければならない（271条1項），とされている意味について考えてみましょう。かりに，被告人が起訴状を受け取ることができないまま裁判が進行したら，どうでしょう。被告人は，刑事裁判にかけられているだけで応訴の負担を強いられるとともに，有罪のリスクも負います。そのような不利益を課されるのですから，それを強いる国家機関（裁判所）は，被告人にその旨告知する必要があります。この告知の手段が，起訴状なのです。刑事手続は適正でなければいけませんが（適正手続の保障），その保障の重要な内容として，告知と聴聞（notice and hearing）を受ける権利があります。起訴状を受領することによって，自分が刑事被告人となったことの告知が行われたことになります。訴訟法的にみれば，被告人は起訴状の記載によって公訴事実，罪名を知ることができ，公判に備えて防御活動を開始することができるようになるのです。起訴状にはこのように重要な役割がありますので，書かれた内容が被告人に伝わらなければなりません。

　この点で問題になるのが，日本語を解さない外国人の被告人です。日本の裁判は日本語で行うこととされていますので（裁判所法74条），起訴状も日本語で書かれていなければならず，日本語の起訴状が送達されれば法的には問題なさそうです。しかし，日本語を解さない外国人にとって，このような起訴状では起訴状としての上述の役割は果たせません。そこで，実務上，日本語の起訴状に翻訳文をつけて送達されることが行われていますが，つねにこれを要求するのは現実問題として難しい場合

があります。東京高裁1990年11月29日判決は，捜査段階から取調べや勾留質問に通訳人がつき，起訴後も弁護人との接見に通訳人が同席し，第1回公判期日以降の起訴状朗読，証拠調べなどの手続も通訳人を介して行われたケースについて，次のように判示しました。すなわち，「起訴状の謄本が送達された際には，被告人としては自分がいかなる事実について公訴を提起されたのか直ちには理解できていなかったとしても，公判手続全体を通じて，被告人が自己に対する訴追事実を明確に告げられ，これに対する防御の機会を与えられていると認められるならば，適正手続にいう『告知と聴聞』の機会は十分に与えられているということができ，ひいては手続全体として憲法31条［適正手続の保障］には違反していないと考えることができる」，と。本来，起訴状に翻訳文を添付することが最も望ましいと思われますが，日本で通訳人，翻訳人を探すのが困難な少数言語を話す被告人の場合など，あまりに厳格な要求をすると手続を進めることが難しくなってしまいます。告知と聴聞を受ける権利が害されていないかを，実質的に検討する東京高裁の判断は，穏当で妥当なものだと思われます。

　以上の説明は，正式起訴と呼ばれる原則型ですが，特別な起訴の形式として，（a）略式起訴と，（b）即決裁判手続の起訴があります。（a）略式起訴というのは，検察官が公訴提起を行う際，起訴状と一緒に略式命令請求書を提出して行う簡便な起訴をいいます。このような起訴を行うには，被疑者に異議がない場合でなければなりませんので，事前に被疑者に説明して同意を得ておきます（刑訴法461条以下）。この手続の特徴は，100万円以下の罰金または科料の罪について，公判審理を省略して書面審理だけで財産刑（罰金等）を言い渡す裁判をするというもので，この裁判を略式命令といいます。書面審理だけで刑を言い渡せますので，いわゆる伝聞証拠も利用できます（伝聞証拠については第15章参照）。

この制度は，公開の法廷を避け裁判を早く終わらせたい被疑者にとってメリットがあり，他方で，検察官にとっては手続負担を大幅に軽減できるというメリットがあるため，実務上広く活用されています。統計をみると，毎年の起訴人員の約80パーセントは略式起訴（略式命令請求）で処理されており，日本の刑事司法における略式起訴の占める位置は小さくないことが分かります。ただ，略式手続に応じるということは正式裁判を受ける権利を放棄することでもあります。被疑者が権利放棄する場に弁護人が立ち会っているわけではないので，この権利放棄について手続的保障が十分ではないのではないか，という批判もあります。略式命令を受けたものの，これに不満があれば正式裁判を申し立てることができます（同465条）。

（ｂ）即決裁判手続というのは，2004年に裁判員制度と同時につくられた新しい手続です（刑訴法350条の2以下）。検察官は，事案が明白かつ軽微で，証拠調べも速やかに行われると見込まれる事件について相当と認めるときは，公訴提起と同時に，書面で即決裁判手続の申立てをすることができます。この手続も，被疑者の同意が要件になっています。略式起訴と違って，懲役まはた禁固にあたる罪についても可能ですが，裁判所は必ず執行猶予にしなければいけないことになっています（同350条の14）。逆にいえば，執行猶予が見込まれ，検察官も執行猶予判決で問題ないと考える場合でないと，この手続は使えません。即決裁判手続は，裁判員裁判で予想される過重負担を軽減する一方策として考えられたようですが，手続的に使いにくいせいか，実際にはあまり利用されていないようです。

**（3）私訴（及び附帯私訴）制度の導入の是非論**

ここで取りあげるのは，被害者にも刑事訴追に参加する権利を認める

べきではないかという主張です。この主張がもし立法化されると，検察官が起訴を見送ったときでも，被害者が私訴原告人となって私訴を提起し，刑事裁判を開始させることができます。フランスは，現在でもこの制度を採用しています。日本の現行法は，被害者が私人として訴追に関与することを認めていませんが，実は，現行の刑事訴訟法（1948年公布）を制定する際，私人訴追制度について検討がなされています。結論からいうと，検討はされましたが採用されませんでした。その理由は次の3点です。第1に，私人訴追が最も要請される公務員の職権濫用罪については，後で説明する付審判手続がつくられることになったこと，第2に，私人訴追は濫用され膨大な訴訟が提起されるおそれがあるだけでなく，起訴・不起訴の一定の標準を破壊し不公平になること，第3に，刑罰制度の発達の趨勢（民事制裁と刑事制裁を截然と区別する）に反することなどがあげられておりました。

　そして，現行刑事訴訟法が施行されて間がない1952年12月24日，最高裁は大法廷判決で，憲法32条が裁判を受ける権利を保障しているが，この規定は「国家機関でない私人である被害者又は一般に訴追の権利を享有行使せしめる，いわゆる，被害者訴追主義又は一般訴追主義を保障した規定ではない」，「わが憲法上刑事訴追を国家に帰属せしめ国家機関をして行使せしめる，いわゆる，国家訴追主義を採るべきか又は私人訴追主義をも認むべきかは立法機関に委かされた立法政策の問題である」が，「わが訴訟法は刑訴247条において，『公訴は，検察官がこれを行う。』ものと規定して，原則として国家訴追主義のみを採用」していると判示しました。その後，最高裁1990年2月20日判決は，「公訴権の行使は，国家及び社会の秩序維持という公益を図るために行われるものであって，犯罪の被害者の被侵害利益ないし損害の回復を目的とするものではなく」，「被害者又は告訴人が捜査又は公訴提起によって受ける利益は，公

益上の見地に立って行われる捜査又は公訴の提起によって反射的にもたらされる事実上の利益にすぎず，法律上保護された利益ではない」としています。

　立法も判例も，被害者が訴追に関与することには冷淡ですが，日本でも私訴制度を認めるべきだという主張は繰り返しなされています。ただ，一連の被害者保護のための法改正で，被害者の手続参加などの諸権利は充実してきており，また，検察審査会の議決に拘束力も認められました。当面は現行の制度の活用によって，被害者の手続への関与を拡げていくほうが現実的かもしれません。

## 2．起訴便宜主義とその抑制方法

### (1) 検察官の訴追裁量権

　検察官は，訴訟条件も嫌疑も十分な場合であっても，つまり起訴すれば有罪が見込まれる場合であっても，諸般の情況を考慮して被疑者を不起訴にすることができます。証拠不十分で起訴できないときは，検察官は，起訴しない決定を不起訴処分というかたちでするのですが，起訴できるのにしないこの処分は，不起訴処分とは区別して起訴猶予処分といいます（刑訴法248条）。起訴猶予処分を認めていることが，日本の訴追制度の特徴のひとつになっています。ドイツの制度では，証拠が揃っていたら必ず起訴しなければいけないことになっていますが，日本の制度は，まさにこれと好対照をなしています。検察官に裁量を認めないドイツのような制度を起訴法定主義，検察官の裁量で起訴猶予を認める日本のような制度を起訴便宜主義（起訴裁量主義）といいます。

　現行刑事訴訟法が，検察官にこのような広い裁量権を与えた趣旨は，不必要な起訴をできるだけ減少させ，被告人として手続的負担を強いる

ことをなるべく避けることにあります。ここに不必要な起訴とは，たとえば，十分に犯行を反省し，被害者との示談も終えていて被害者も訴追を望んでいない場合のように，起訴しないで社会に戻しても再犯のおそれがないような場合をいいます。このような者を刑事手続のルートからはずすという発想は，刑事政策的にはディバージョンと呼ばれる非公式の司法前処理の一種であり，基本的には望ましいものです。ただ，問題はその運用において恣意的なものにならないようにするにはどうしたらいいか，ということです。刑事訴訟法248条は，起訴猶予にできる場合の判断要素として，犯人の性格，年齢，境遇，犯罪の軽重，情状，犯罪後の情況をあげていますが，これらの要素をどのように考慮すべきかは，最終的に検察官の裁量に任されています。ただ，検察官のこの裁量権は，恣意的に行われた場合，正義に反する事態になります。そのような場合にそなえて，法は次の2つの制度を用意しました。

**(2) 検察審査会制度の不思議**

　1つめの制度は検察審査会です。検察審査会とは，検察官の不起訴処分（起訴猶予を含む）に対する救済のための，裁判所とは独立した特別の機関です。検察審査会については不思議なことがいくつかあります。まず，この機関は刑事訴訟上の重要な役割をになうのに，刑訴法上にはこれに関する規定がまったくなく，別の，検察審査会法という法律が検察審査会の組織や権限について定めていることです。2つめは，検察審査会は市民11人が集まって検察官の不起訴の妥当性を判断するという特別の制度なのですが，この制度は戦前の旧法時代にはなく，外国にもモデルとなる類似の制度がみあたらないのです。立法のときアメリカの大陪審制度（起訴陪審）をお手本にしてこの制度がつくられたといわれていますが，大陪審はすべての重罪事件について正式起訴を行うかどうか

を審査する12名の陪審のことで、検察審査会とはかなり違います。検察審査会は、せいぜい請求のあった不起訴事件の当否を審査する、という非常に限定的な役割しか果たせません。立法時の事情のためかもしれませんが、結果的に中途半端な制度になってしまったといえましょうか。そのためもあってでしょうか、検察審査会制度は、市民の参加を得てその機能を果たすことになっているのに、一般市民の関心は非常に低く、裁判所の広報活動はあるようですが、市民にはまだまだ知られていないようです。

　ここで、検察審査会の組織とその機能についてみていくことにしましょう。検察審査は、衆議院議員の選挙権を有する者の中からくじで選ばれた11人の検察審査員によって構成されます（検察審査会法4条）。この検察審査会が審査を始めるきっかけは、告訴人、告発人、請求人及び犯罪被害者の審査請求で、告訴人らは検察の不起訴処分に不服があるときに最寄りの検察審査会にこの請求をします（同30条）。たとえば、横浜地方検察庁の処分に不満があれば、横浜検察審査会（横浜の場合、3つの審査会があります）に請求することになります。審査に必要なら、検察審査会は証人尋問や公務所照会をすることもできます（同36条、37条）。議決をするには、全員出席のうえ過半数で行う必要があります。議決の種類として、「起訴相当」、「不起訴不当」、「不起訴相当」の3種類があり、このうち真ん中の「不起訴不当」は起訴相当より弱い内容の議決になります。いずれも過半数で決するのですが、2004年の法改正で「起訴相当」だけ11人のうち8人以上の賛成が必要とされるようになりました。この改正までは、検察審査会の議決には拘束力がなく、最も強力な「起訴相当」の議決をしても、検察官は事件を見直して起訴の必要がないと判断したら起訴しなくてもよかったのです。しかし、21世紀初頭から始まった司法改革の中で、「国民の期待に応える司法制度」のひ

とつとして，いわゆる強制起訴制度が導入されました。これによると，検察官が「起訴相当」の議決にもかかわらず不起訴を維持したときは，検察審査会は2度めの「起訴議決」（これも8人以上の賛成）をすることで，起訴させることができるのです。ただし，このときの起訴は，検察官ではなく，裁判所の指定する「指定弁護士」が，いわば検察官役を務めることになっています（同41条の9）。指定弁護士は，検察官役をするといっても，直接証拠を集めることはできず，「捜査の指揮」は「検察官に嘱託して」行うとされています。

　検察審査会の議決に拘束力が備わって以降，この新制度による強制起訴の結果，無罪になったケースが多く出たため，新制度に対する批判も生じました。被疑者からすると，検察官から不起訴処分を得た後で，改めて訴追によって応訴を余儀なくされることになり，最終的に無罪になっても手続上は相当の負担を受けることになります。一方で起訴してほしい被害者や市民の声もあり，誰もが納得する解決策は難しいかもしれません。検察官であれ，検察審査会であれ，その起訴・不起訴の判断は慎重かつ適正なものであってほしいと願うばかりです。

### (3) 公務員犯罪と起訴強制

　2つめが，公務員の職権濫用などの権力犯罪についての不起訴の場合に対処するための特別な制度，付審判手続です。付審判請求手続あるいは準起訴手続とも呼ばれる制度なのですが，その制度趣旨は次のようなものです。公務員の権力犯罪に対して，同じ公務員である検察官が「身内」をかばって起訴をしないことを慮って，権力犯罪の告訴人等が裁判所に起訴を求める権利を認めたのが付審判請求手続です。この手続は，公務員の権力犯罪から市民の権利・人権の保障を実効あらしめるための制度，ということもできるでしょう。

このような趣旨の手続ですので，この制度の対象となる犯罪は，公務員職権濫用罪（刑法193条），特別公務員暴行陵虐罪（同195条）など，もっぱら権力作用に従事している公務員による職務犯罪です。2001年から2002年にかけて，名古屋刑務所で複数の看守による受刑者に対する暴行が明らかとなり，死者もでたという事件がありました。この事件では，検察官が捜査を遂げて関与した看守らを起訴しましたが，その罪名が特別公務員暴行陵虐罪で，被告人らは全員，最終的に有罪で確定しました。

　ここで，付審判手続の概略を説明します。まず，公務員の権力犯罪について告訴・告発をした者は，不起訴処分から7日以内に，不起訴処分をした当の検察官に対して付審判の請求をしなければなりません。請求人にとって7日間というのはあまりに短いのではないか，という批判もあります。この請求を受けた検察官は，請求に理由があると認めるときは公訴を提起しなければなりませんが（刑訴法264条），理由がないと考えたときは，請求書を受け取った日から7日以内に意見書を添えて裁判所に提出します。裁判所は，ここで審判を開始するか否か，つまり起訴するか否かを決定するのですが，その決定手続について刑事訴訟法は明確な規定をおいていません。これを一種の裁判だと考えれば，請求人に証拠の閲覧権などの権利を認めるべきことになります。逆に，この手続を一種の捜査だと考えれば，請求人には手続に関与する権利を認めないことになります。実務では，後者の運用をしており，付審判手続の趣旨に反するのではないかという批判もなされています。裁判所は，請求に対して3人の合議体で審理し，もし請求に理由があると判断したときは事件を地方裁判所の審判に付する，つまり刑事裁判を開始させる決定をします（同266条2号）。ここに検察官は登場せず，裁判所の指定した弁護士が検察官役として職務を行います（同268条）。

　この制度の問題点として，運用面での不活発さが指摘されています。

過去20年の実績をみても、累計で数千件の請求があるうち、それが認められたケースは10件を下回っているのです。何が原因でこのような実態になったのか、軽々に判断はできませんが、制度としての健全さという点で問題があることは否定できません。何らかの方策が考えられなければいけないように思われます。

## 3. 公訴権濫用論

### (1) 各訴訟主体にとっての公訴権濫用論は？

不当な不起訴に対しては、付審判手続や検察審査会がありますが、不当な起訴があった場合について、現行法にはこれを抑制する手段がありません。そこで、本来、起訴すべきでない事案なのに起訴されたときは、起訴じたいを違法として手続を打ち切るべきではないか、という見解が生まれました。これが、公訴権濫用論です。検察官に大幅な訴追裁量権があるとはいっても、起訴猶予あるいは不起訴処分にすべき事案をあえて起訴したら、それは検察官の公訴権濫用であり、訴追としての法的効果を否定すべきだというのです。かつて、学説はこの見解を圧倒的に支持しましたが、判例・実務は概して慎重でした。理由は、裁判所にとって、もしこの見解を認めると、第1回公判から公訴権の濫用があるかどうかで紛糾してしまい、審理が進められなくなるおそれがあるからです。公訴権濫用論の主張というのは、訴訟条件がないという主張でもあるため、これが認められると実体審理に入らずに手続を打ち切らなければならなくなります。弁護側は、証拠調べに入る前に、少しでも公訴権濫用論の主張が通る見込みがあれば、徹底してこの点を争うでしょう。そうなると、裁判は遅延して実体審理を進めることが難しくなるのです。

検察官にとっては、訴追裁量権を部分的にせよ否定されることになる

のは，自分たちの最も重要な権限を制約されることになるので，公訴権濫用論は受け入れることができない理論ということになります。

ただし，被告人，弁護人にとっては，不公平な起訴によって有罪とされることを阻止する理論として，公訴権濫用論は非常に魅力的な理論だといえます。刑事弁護の現場から生まれたといわれる公訴権濫用論は，1970年代に大きな展開をみせます。それが，チッソ川本事件です。次にこの事件と高裁，最高裁の判決をみることにしましょう。

## (2) チッソ川本事件

この事件の背景にあるのが，水俣病公害事件です。これから紹介する高裁判決は，被告人じしんが水俣病の患者である本件では，一方的に地域住民に被害を与えた水俣病公害を十分考慮しなければならない，といいます。被告人は，公害の加害会社であるチッソの社長に面会して補償交渉をしようとして同社社員と小競り合いになり，社員4人に加療1週間から2週間の傷害を負わせたとして起訴されました。傷害を負わせたことじたいは争いがなく，問題とされたのは，チッソ側の責任を問うことなく，被告人だけを起訴するのは公訴権濫用にあたるのではないか，ということです。弁護側から主張されたこの公訴権濫用論を，東京高裁1977年6月14日判決は正面から認め，手続を打ち切る判決をしました。東京高裁が濫用にあたるとした点は，大きく2つです。第1に，患者が続発し胎児性水俣病患者まで続出しているのに，有害な水銀廃液が排出されている状態が十数年放置されたという事情です。当時すでに科学的解明も行われていたのであり，「熊本県警察本部も熊本地方検察庁検察官もその気がありさえすれば，水産資源保護法（中略）等弁護人が引用する各種の取締法令を発動することによつて，加害者を処罰するとともに被害の拡大を防止することができたであろうと考えられるのに，何ら

そのような措置に出た事績がみられないのは，まことに残念であり，行政，検察の怠慢として非難されてもやむを得ないし，この意味において，国，県は水俣病に対して一半の責任があるといつても過言ではない」。他方で，「排出の中止を求めて抗議行動に立ち上がった漁民達に対する刑事訴追と処罰が迅速，悛烈であった」というのです。第2に，被告人らが上京して自主交渉を行う過程で本件を含むトラブルが何度も起こったわけですが，東京高裁の認定によれば，このトラブルで，チッソ側のみならず被告人ら患者及び支援者にも多数の負傷者が出たのに，また，五井工場事件では，面会の約束をとりつけてやってきた被告人や報道陣に，多数の従業員が有無をいわさず力を振るうという事件を起こしたのに，「結局，これらを通して訴追されたのは患者側だけだつたわけである」，と。東京高裁は，これらの事情からみて，「被告人に対する訴追はいかにも偏頗，不公平であり，これを是認することは法的正義に著るしく反する」，として公訴権濫用があったとしたのです。

　この判決に対して，検察は直ちに上告しました。東京高裁の公訴権濫用論は，検察にとっては受け入れがたいものだったに違いありません。上告をうけた最高裁の解答は，次のようなものでした。

### (3) 1980年の最高裁とその後

　1980年12月17日，最高裁は，「検察官の裁量権の逸脱が公訴の提起を無効ならしめる場合のありうることを否定することはできない」という消極的な表現で，公訴権濫用論を認めました。しかし，それに続けて，公訴提起が無効になるのは，「たとえば公訴の提起自体が職務犯罪を構成するような極限的な場合に限られる」，という厳しい基準を示しました。公訴提起が職務犯罪を構成するのがどのような場合か，想像しずらいのですが，極めてまれであることはたしかでしょう。しかも，"極限的"

事案と思われたチッソ川本事件がこの基準にあたらないとすると，公訴権濫用論が実際に適用されるケースはあるのだろうか，という疑問も提起されました。その後，公訴権濫用が問題になって最高裁にあがってきたケースで，最高裁がこれを認めたものはありません。チッソ川本事件判決で，公訴権濫用論は終わったと考える人もいます。しかし，下級審判決をみると，その後も，たとえば軽微な駐車違反を起訴するのは公訴権濫用だとするものもあり（山口簡裁1990年10月22日判決），公訴権濫用論がまったく絶滅したと考える必要はなさそうです。


**【学習課題】**
1．公訴は，刑事手続においてどのような意味をもっていますか。
2．公訴を検察官が独占していることのメリットとデメリットにはどのようなものがありますか。
3．起訴すべきなのにされなかった場合にそなえて，現行法上どのような制度が用意されていますか。
4．起訴すべきでないのに起訴された場合について，どのような議論がありますか。


**参考文献**

・渡辺咲子「検察官の訴追裁量」井上正仁・酒巻匡編『刑事訴訟法の争点』（有斐閣，2013年）110頁
・新屋達之「公訴の抑制―その2―刑事訴追の市民的統制」村井敏邦ほか編『刑事司法改革と刑事訴訟法』下巻（日本評論社，2007年）585頁
・井戸田侃『公訴権濫用論』（学陽書房，1978年）

# 14 | 違法に収集された証拠

《目標＆ポイント》 証拠としてそれなりの証明力がある物証について，証拠として法廷に出せない場合が2つあります。具体的には，①前科など関連性がないとされる場合と，②捜査官が違法に収集した物証などの証拠です。本章では，主に後者②の場合について，真実に反してでも証拠を用いることが禁止されるのはなぜか，どのような場合に違法収集証拠として排除されるのかについて，みていくことにしましょう。
《キーワード》 関連性，証拠能力，違法収集証拠排除法則，毒樹の果実

## 1．適正手続の保障と証拠法

### （1）証拠と適正手続（デュー・プロセス）

　刑事裁判で最も重要なのは，正しく事実認定をして誤判を生まないことですが，その基礎になるのが証拠です。刑事訴訟法では，適正な事実認定のために，法廷に提出できる証拠の資格に制約を設けています。この資格のことを「証拠能力」といい，証拠能力がないとされた証拠は，事実認定に使えません（したがって，法廷にもだせません）。

　証拠能力が制限される場合には様々なものがありますが，ここでは前科など関連性を欠く証拠と，違法収集証拠を取りあげます。裁判で被告人とされた人に前科があったとしても，その前科調書には原則として証拠能力が認められていません。その理由は，「前科」という不確かな「証拠」で裁判官が偏見をもち，適正な事実認定ができなくなるおそれがあ

るからです。法律論としてより正確に表現すれば，このような前科証拠は，証拠としての「関連性」がないので証拠能力が否定されるのです。間違った事実認定をしないための証拠の制限ともいえましょうか。ただし，この制限には例外があって，判例上，前科にかかる犯罪事実がそれじたい顕著な特徴をもち，かつ，それが証明したい犯罪事実（公訴事実）と相当程度類似することによって，その前科事実じたいで犯人が同一であると合理的に推認できるときは前科を使うことができる，とされています。最近の判例では，最高裁2012年9月7日判決がこのように判示しています。第7章「詐欺罪の今日的諸問題」で，福祉詐欺で起訴された被告人の主観的要素（詐欺の故意）を立証するのに，同種前科を証拠として使用できるかについて検討し，最高裁1966年11月22日決定がこれを肯定したことを紹介しましたが，これも例外として同種前科が認められるとした裁判例のひとつといえます。

　以上の関連性に対して，違法収集証拠が証拠能力を否定されるのは，少し違った理由からです。捜査官が，令状に関する手続を守らないで証拠物を差し押さえてしまったとしましょう。証拠物，たとえば禁制品の麻薬などは，適法に差し押さえようと違法に差し押さえようと，その証拠としての価値（証明力）が変わるわけではありません。しかし，証拠法にも適正手続の保障が及ぶことから，（詳しくはこれから述べますが）証拠そのものとしては問題がなくても，証拠収集手続の違法を理由に，証拠能力が否定されるという証拠法上のルールがあるのです。これを，違法収集証拠排除法則といいます。以下では，これを排除法則と呼ぶことにします。

## （2）違法収集証拠を排除する理由

　前科を証拠として使うことが許されないのは，裁判官に予断や偏見を

与えるおそれがあるからで，正しい事実認定のためでもありました。これに対して，違法収集証拠の証拠能力を否定するというのは，真実を犠牲にしてでも証拠を使わない，ということです。このようなルールは，いかにして正当化されるのでしょうか。

　何よりもまず，現行の憲法，刑事訴訟法が適正手続を保障しているところから出発する必要があります。憲法31条は，法の定める手続によらない限り，人は処罰されないことを保障していますが，この手続は，適正な手続（デュー・プロセス）でなければならないと解されています。刑事訴訟法1条にも，刑罰法令の「適正」な適用・実現が法の目的であることが書かれており，適正手続は，捜査に始まる刑事手続全般にわたって保障されているのです。この適正手続が保障された刑事裁判では，ひたすら犯人の処罰を追求して真実発見につとめるのではなく，それとは反対方向での被疑者・被告人の無罪主張・立証の活動を十分に保障します。これはちょうど，10人の真犯人を逃しても1人の無実の者をださない，という法律のことわざに表現される思想といえましょう。適正手続を重視する思想は，犯人必罰の思想（必罰主義）とは対局にあるものなのです。そして，違法収集証拠排除法則は，適正手続の保障を重視する立場から主張され，アメリカや日本の裁判所で認められるようになった，捜査と証拠にまたがる重要な証拠法則です。

　それではまず，違法に収集された証拠が排除されるのはなぜか，その理由を検討しましょう。実は，排除法則については，他の証拠法則と異なり，法の明文がないため，これを支える理論的説明が必要になるのです。排除法則を認める理由として，判例や学説でいわれていることを整理すると，次の3点になります。

　第1に，適正手続の保障です。その内容は上に述べたとおりですが，適正でない（違法な）捜査が行われたのに裁判所がこれに加担すると，

司法に対する市民の信頼が損なわれます。違法な捜査で得られた証拠は，適正で公正な刑事司法とは両立しませんから，排除されるのです。

　第2に，令状主義を保障する，違法な捜索・差押えを受けない権利（憲法35条）を侵害する捜査が行われたときは，その救済のために収得された証拠物を排除する必要があるのです。憲法35条以外の違法が行われたときも，基本的に同じです。

　第3に，違法に得られた証拠を使えないとすることで，将来の違法捜査を抑止する，という理由です。

　以上の理由に対して，違法収集証拠排除法則に否定的な人たちからは，厳しい批判もありました。第1の批判は，適正手続とともに守られるべき真実発見の要請，つまり犯人を確実に処罰するという刑事司法の任務が果たせなくなる，というものです。しかし，犯人を処罰するために，捜査から始まる刑事手続が必要になりますが，その刑事手続じたい，適正でなければならない，と憲法が定めているのです。犯人を処罰する任務も，適正手続主義という枠の中で果たさなければいけないのです。第2の批判は，法律の明文もなしに，違法に収集されたというだけで証拠排除することはできないのではないか，というものです。たしかに，現在にいたるまで，排除法則について法律に明文の規定はありません。ただ，憲法と刑事訴訟法の全体をながめていくと，何が重要で何が重要でないかという価値の序列は明らかにありますし，その重要な価値を害してまで被告人を処罰できるのか，という反論も可能です。ここでも，先の第1の批判への反論に戻ってくるのです。第3の批判は，警察官が違法な捜査をしたのであれば，警察官に対する懲戒処分，刑事罰で対応するのが筋ではないか，将来の違法捜査防止のために目の前の犯人を利するというのは不合理ではないか，というものです。たしかに，「犯人」にとって，犯罪後の捜査が適法に行われるか，違法な捜査が行われるか

は偶然のことだともいえます。たまたま捜査官が違法捜査をしたために，犯人が得をするのは不合理にみえるかもしれません。また，捜査官が悪いのなら，懲戒処分や刑事罰でのぞめばいいようにもみえます。ただ，排除法則が生まれたアメリカでも，おそらく日本でも，捜査官の違法は，多くの場合職務熱心から犯されるもので，これを抑止するためには証拠排除というラディカルな手段でもとらないと難しい，というのが過去の教訓だったのです。

　以上，排除法則を認める理由について検討してきましたが，批判はあるものの，排除法則は現行の憲法，刑訴法の解釈として，無理なく導きうる証拠法則だということができます。最高裁も，次に述べます1978年の判決によって排除法則を承認しました。

### （3） 最高裁1978年判決

　事案は，警察官A・Bが，売春や覚せい剤事犯で検挙される例が多く認められる界隈をパトロール中，不審な挙動をしていたCに対して職務質問をしたところから始まります。A・Bは，Cが覚せい剤中毒患者ではないかと疑い，所持品の提示を求めますが，「見せる必要はない」と突っぱねられます。その後若干の押し問答のあと，警察官Aは，Cの上衣左側の内ポケットに手を入れます。ポケットの中身を取り出してみると，ちり紙の包みとプラスチックケース入りの注射針一本がありました。ちり紙の包みを開いてみると，ビニール袋入りの覚せい剤のような粉末がみつかったので，A・Bらは，その場で簡易検査をして覚せい剤であることを確かめた後，Cを覚せい剤不法所持の現行犯で逮捕しました。

　職務質問に伴う所持品検査については，同じ年の1978年に，最高裁は，米子銀行強盗事件の判決で，この事件における所持品検査は適法だと判示しています（最高裁1978年6月20日判決）（本書第9章参照）。しかし，

こちらのほうは，米子銀行強盗事件のような特別な事情は認められないため，結論からいうと違法な所持品検査とされました。ここで注目すべきは，結論をみちびく過程で，違法収集証拠排除法則を正面から認めたことです。この判決，すなわち最高裁1978年9月7日判決は，その後の排除法則判例の先例として，大変重要な意味をもつ判決ですので，その論旨を以下に，少していねいにみていくことにしましょう。

　まず，排除法則について法律に規定がない点については次のように述べます。「違法に収集された証拠物の証拠能力については，憲法及び刑訴法になんらの規定もおかれていないので，この問題は，刑訴法の解釈に委ねられているものと解するのが相当であるところ，刑訴法は，『刑事事件につき，公共の福祉の維持と個人の基本的人権の保障とを全うしつつ，事案の真相を明らかにし，刑罰法令を適正且つ迅速に適用実現することを目的とする。』（同法1条）ものであるから，違法に収集された証拠物の証拠能力に関しても，かかる見地からの検討を要するものと考えられる」。そのうえで，「事案の真相の究明も，個人の基本的人権の保障を全うしつつ，適正な手続のもとでされなければならないものであり，ことに憲法35条が，憲法33条の場合及び令状による場合を除き，住居の不可侵，捜索及び押収を受けることのない権利を保障し，これを受けて刑訴法が捜索及び押収等につき厳格な規定を設けていること，また，憲法31条が法の適正な手続を保障していること等にかんがみると，証拠物の押収等の手続に，憲法35条及びこれを受けた刑訴法218条1項等の所期する令状主義の精神を没却するような重大な違法があり，これを証拠として許容することが，将来における違法な捜査の抑制の見地からして相当でないと認められる場合においては，その証拠能力は否定されるものと解すべきである」，と述べています。

　この最高裁判決は，現行法に規定はないけれども排除法則を刑事訴訟

法上の証拠法則として認めるとともに，この証拠法則で証拠が排除される要件として，①「証拠物の押収等の手続に，憲法35条及びこれを受けた刑訴法218条1項等の所期する令状主義の精神を没却するような重大な違法」があること，②「これを証拠として許容することが，将来における違法な捜査の抑制の見地からして相当でない」ことをあげました。学説は，①を「違法の重大性」，②を「排除の相当性」と読み替えていますので，以下でもこの呼び方に従うことにしましょう。

　最高裁1978年判決は，本件事案については，①違法の重大性が認められないとして，押収された証拠物の証拠能力を否定しませんでした。その際，考慮されたのは，ポケットから証拠物を取り出した行為が，「所持品検査として許容される限度をわずかに超えて行われたに過ぎない」こと，A巡査に「令状主義に関する諸規定を潜脱しようとの意図があつたものではなく，また，他に右所持品検査に際し強制等のされた事跡も認められない」ことなどでした。これらのうち，捜査官が「令状主義を潜脱しようとする意図」をもっていないことを考慮することには異論もあります。ふつうは職務熱心から違法にいたることが多いと思われますので，このような「善意の例外」を認めると，証拠排除される場合が大きく限定されるからです。その後，最高裁は，排除法則に関する重要判例をいくつもだしますが，その大半が証拠能力を最終的に肯定するものとなっています。

## （4）排除法則と自白

　ところで，排除法則は，これまで物証などの非供述証拠に関する証拠法則だと考えられてきました。その理由は，供述証拠のうち採取過程の違法が最も問題になる自白については，別に自白法則という憲法上の証拠法則があるからです（憲法38条2項，刑訴法319条1項）。ちなみに，

自白法則とは，強制や拷問，不当に長期にわたる拘束後の自白など任意性を欠く自白の証拠能力を否定する証拠法則のことで，違法な取調べによって得られた自白という証拠を排除する点で，違法収集証拠排除法則と共通しています。あらためて整理すると，非供述証拠については排除法則，自白については自白法則というように，2つの証拠法則の棲み分けができていたのです。しかし近年，判例・学説上，自白についても排除法則を適用していいのではないか，という主張が有力になされるようになりました。これによると，自白について類似した2つの証拠法則が重複的に適用されることになります。一見むだなようですが，自白法則は条文上，任意性が要件とされているため，供述者の心理面に立ち入ることになり，ときに困難な判断が必要になるのに対して，排除法則だと，取調べの外的条件の違法が明白な場合，たとえば明らかな別件逮捕の場合，それだけで別件逮捕中の自白を排除できるというメリットがあります。また，後で述べるように，排除法則は，違法に得られた証拠を排除するだけでなく，そこから派生した証拠も排除することができるので，違法な自白獲得をねらう捜査に対してより徹底した対応（証拠排除）ができるというメリットもあります。もちろん，逆に取調べ時の客観的・外形的な事情に明らかな違法がない場合でも，なされた自白に任意性が欠ける場合には，本来の自白法則を適用して自白の証拠能力は否定されることになるのです。

　では，判例はどういっているでしょうか。最高裁判例はまだありませんが，東京高裁2002年9月4日判決（ロザール事件）は，はっきりと自白について両者が競合することを認めたうえで，この事案については排除法則が優先することを認める判示をしました。一部抜粋しますと，「本件においては，憲法38条2項，刑訴法319条1項にいう自白法則の適用の問題（任意性の判断）もあるが，本件のように手続過程の違法が問題

とされる場合には，強制，拷問の有無等の取調方法自体における違法の有無，程度等を個別，具体的に判断（相当な困難を伴う）するのに先行して，違法収集証拠排除法則の適用の可否を検討し，違法の有無・程度，排除の是非を考えるほうが，判断基準として明確で妥当であると思われる」，と。要するに，ケースバイケースなのですが，手続過程の違法が論点とされている場合などは，排除法則を先行させるというわけで，適切な判断であるように思われます。

## 2.「毒樹の果実」と証拠排除

### （1）「毒樹の果実」論とは？

　違法収集証拠排除法則を徹底しようとすると，違法に収集された証拠を排除するだけでは足りず，その証拠からの派生証拠まで排除する必要が生じてきます。たとえば，偽計などの違法な手段で得られた自白をもとに，凶器などの物証が発見され領置したとします。この場合，自白だけを証拠排除しても，被告人は凶器などの物証によって有罪にされてしまいます。これでは捜査官に対する抑止にはなりません。そこで，証拠能力を付与すべきでないとされた一次証拠だけでなく，二次証拠も排除すべきだとされ，これを「毒樹の果実」の理論といいます。一次証拠が「毒樹」，二次証拠が「果実」というわけです。この理論もアメリカの連邦最高裁の判例理論なのですが，日本の判例理論にも大きな影響を与えました。この毒樹の果実理論ですが，これを広く認めると，捜査のある段階で違法捜査があると，その後の捜査によって得られた証拠のすべてが排除されかねません。そこで，証拠排除に対する何らかの制約が必要になるのですが，アメリカ法では「独立入手源の例外」，「希釈法理」，「不可避的発見の法理」などの排除の例外が認められています。独立入手源

の例外とは，捜査側の違法な捜査とは独立した源から証拠を入手した場合，証拠排除しないという例外のことであり，希釈法理とは，捜査の違法と発見された証拠との因果関係が，違法の汚れを希釈・除去するほど希薄な場合には証拠排除しないとの例外をいいます。不可避的発見の法理は，違法捜査がなくても発見されたであろうときに，違法捜査と証拠収集の因果関係を否定するという例外の理論です。

　日本の最高裁判例に，毒樹の果実論，その例外理論のいずれについても直接言及したものはありませんが，英米法学者でもあった伊藤正巳裁判官の補足意見の中で次のように述べられているのが注目されます（最高裁1983年7月12日判決）。すなわち，「このような違法収集証拠（第一次的証拠）そのものではなく，これに基づいて発展した捜査段階において更に収集された第二次的証拠が，いわゆる『毒樹の実』として，いかなる限度で第一次的証拠と同様に排除されるかについては，それが単に違法に収集された第一次的証拠となんらかの関連をもつ証拠であるということのみをもつて一律に排除すべきではなく，第一次的証拠の収集方法の違法の程度，収集された第二次的証拠の重要さの程度，第一次的証拠と第二次的証拠との関連性の程度等を考慮して総合的に判断すべきものである」，と。このように，最高裁補足意見の中でアメリカ法理論のエッセンスが語られたのですが，その後の最高裁は，このような「毒樹の果実」論そのものではなく，独自の理論構成で違法の波及ないし承継についての要件を打ち立てました。次に最高裁独自の違法承継論をみることにしましょう。

### (2) 最高裁判例にみる違法捜査の承継論

　犯罪捜査は，「点」ではなく，継続的に発展する「線」のようなものです。ある「点」で捜査の違法があり証拠排除されたとして，捜査はそ

こから先に進んでいき，もし新たな証拠があれば収集・保管されます。この場合，ある時点（点）の捜査が後に違法と評価される場合でも，引き続き捜査は行われ証拠も収集されますが，ある時点の違法は後の捜査に，さらには後の捜査で得られた証拠の証拠能力に影響することはないのでしょうか。先に述べましたアメリカの「毒樹の果実」論は，まさにこのような捜査の違法の波及効果を認める理論のことです。それでは，日本の裁判所は，この問題についてどのような態度をとっているのでしょう。

　最高裁としてはじめて捜査の違法が次の段階の捜査に影響することを認めた判例が，最高裁1986年4月25日判決です。事案は，覚せい剤取締法違反の嫌疑をかけられているＸの自宅に私服の警察官数名が訪れ，明確な同意がないまま自宅内奥の寝室まで上がり込み「任意同行」を求めたというもので，被疑者はＡらがきちんとした説明がなかったことから，金融屋の取り立てと誤解して同行したようなのです。この同行は，Ｘの明確な承諾がなく，最高裁は違法な任意同行だと評価しました。これが第1段階です。次に，この同行があって，午前9時50分頃Ｉ警察署に到着しました。同署で事情聴取を受けたＸは，午前11時頃覚せい剤自己使用の事実を認め，午前11時30分には尿の任意提出に応じました。Ｉ警察署に着いてから尿の提出までの過程を第2段階とすると，この段階には格別違法な要素はみあたりません。ただし，尿の採取があったころに，Ｘはタクシー運転手の試験があるから帰宅したいとＡらに申し出たのに応じてもらえなかったのですが，この点は違法というべきでしょう。この点を除いて考えると，第1段階の違法が第2段階に及ばないとしたら，この事例で排除法則は問題にならないことになりそうですが，それで良いでしょうか。毒樹の果実論のような違法の波及効果を考えることはできないでしょうか。この点について最高裁は，一般論としてまず，「被

告人宅への立ち入り，同所からの任意同行及び警察署での留め置きの一連の手続と採尿手続は，被告人に対する覚せい剤事犯の捜査という同一目的に向けられたものであるうえ，採尿手続は右一連の手続によりもたらされた状態を直接利用してなされていることにかんがみると，右採尿手続の適法違法については，採尿手続前の右一連の手続における違法の有無，程度をも十分考慮してこれを判断するのが相当である」と述べました。第1段階の手続と第2段階の手続の間に，「同一目的」と「直接利用」の関係があれば，第1段階の違法が第2段階の採尿手続に及び，尿の鑑定書の証拠能力が否定され得ることまで認めたのです。「一般論」とはいえ，先行する捜査手続が後の捜査（証拠収集）手続に影響することを認めた意義は大きいといえます。

ただし，最高裁は，第1段階の手続と第2段階の手続の間に「同一目的」「直接利用」の関係があること，本件で第1段階の違法が第2段階に影響することは認めましたが，後者の違法は重大なものとはいえないとして，最終的には証拠能力を認めました。

## （3）因果関係が存在しない場合

捜査の違法がかりに重大なものであったとしても，その波及効果は違法捜査の行われた時点より前にさかのぼるものではありません。この，ある意味では当然の事理を改めて示したのが，最高裁1996年10月29日決定でした。この決定の事実関係を，時系列にそって次の3段階に整理してみましょう。

①W警察署の警察官8名は，捜索差押令状によりXの自宅を捜索し，寝室のテレビ台上に置かれたポケベルケースとポケベル本体の間から覚せい剤と思われる粉末1包みを発見しました。

②Rからこの包みを見せられたXが「そんなあほな」と言ったところ，

その場に居合わせた警察官が，Xの襟首をつかんで後ろに引っ張ったうえ，左脇腹を蹴り，倒れたXに対し，さらに数名の警察官がその左脇腹，背中等を蹴ったのです。

③警察官らは，発見された紙包み入り粉末について簡易検査を実施した結果，覚せい剤反応があったので，覚せい剤所持の現行犯人としてXをその場で逮捕するとともに覚せい剤を差し押さえ，XをW警察署に引致しました。Xは，同署において，覚せい剤所持の事実を否認しましたが，警察官の説得に応じて尿を提出しました。

この尿から覚せい剤が検出されたので，Xは，覚せい剤所持と覚せい剤自己使用の事実で起訴された，というのが経緯です。

②の警察官らの暴行は，排除法則の要件である「違法の重大性」を認めるに十分なだけの違法が認められるように思われます。しかし，時間の流れは①→②ですから，②の違法が①の証拠収集に波及することはないのです。この点について最高裁は，こう言っています。「警察官が捜索の過程において関係者に暴力を振るうことは許されないことであって，本件における右警察官らの行為は違法なものというほかはない。しかしながら，前記捜索の経緯に照らし本件覚せい剤の証拠能力について考えてみると，右警察官の違法行為は捜索の現場においてなされているが，その暴行の時点は証拠物発見の後であり，被告人の発言に触発されて行われたものであって，証拠物の発見を目的とし捜索に利用するために行われたものとは認められないから，右証拠物を警察官の違法行為の結果収集された証拠として，証拠能力を否定することはできない」，と。それでは，③で採取された尿（鑑定書）についてはどうでしょうか。時間経過だけをみると，②（重大違法）→③（尿採取）ですが，②の暴行はXの言葉に触発されたもので，証拠収集を目的としたものではありません。最高裁が③（尿採取）に違法を及ぼさなかった理由は判然としま

せんが，おそらく②・③の間に因果関係がないことを理由にしていると思われます。しかし，排除法則の理由である適正で公正な刑事司法という理念からすると，②（重大違法）を③，さらには①に及ぼす余地もあったのではないでしょうか。

## 3. 最高裁2003年2月14日判決

### (1) 事実経過

　排除法則に関する最高裁判例は，捜査の違法を認定しても，捜査官に令状主義潜脱の意図がなかったことなどを理由に違法の重大性を否定し，最終的に証拠能力を肯定するものばかりでした。そのような中で，最高裁2003年2月14日判決は，最高裁として初めて，当該具体的事件について，捜査の違法が重大であるとして得られた証拠を排除し注目を集めました。これまでのケースとどこが違うのか，なぜ最高裁は証拠排除したのか，まずは事実経過を整理しておきましょう。

　被疑者Kに対して，窃盗の事実について逮捕令状が発付されていました。5月1日朝，S県O警察署の警察官Gほか2名の警察官（合計3名）は，令状をもたずに同署からM県U市内のK宅を訪れました。警察官らは，自宅にいたKに対して任意同行に応じるように説得しましたが，Kは逮捕令状を見せるよう要求して任意同行には応じず，突然逃走して隣の家の敷地内に逃げ込みました。その後，Kは，警察官らに追いかけられてさらに逃走しましたが，午前8時25分頃，付近の路上で警察官3名に制圧され，片手に手錠をかけられ，捕縛用のロープを身体に巻かれて逮捕されました。Kは近くにあった物干し台のポールにしがみついて抵抗しましたが，警察官らにポールから引き離されパトカーに連れてこられた後，パトカーでS県O警察署に午後11時頃到着しました。

この間，Gは，午前8時25分頃に捜査報告書を作成しましたが，そこには本件現場において逮捕令状を呈示してKを逮捕したと書かれており，また，本件逮捕令状にもそのような記載がなされていました。
　O警察署に連行されたKは，署内で尿の採取を求められこれに任意に応じました。尿は鑑定に付され，尿から覚せい剤成分が検出されます。
　そこで，5月6日，警察官Gらは覚せい剤取締法違反の嫌疑で捜索差押令状の発付を受け，あわせて窃盗事件の捜索差押令状の発付も受けて，Kの自宅の捜索を行いました。その結果，自宅からビニール袋入り覚せい剤1袋が発見されました。
　6月11日，Kは，①（4月下旬から5月1日までの間の）覚せい剤自己使用罪と，②（5月6日の）覚せい剤所持罪，③窃盗の罪で起訴されました。
　以上が事実関係です。第1審は，③窃盗は有罪にしましたが，①・②の罪については無罪を言い渡しました。理由は，窃盗の逮捕時に令状を呈示していないという違法があり，これを利用して収集された尿の鑑定書に証拠能力はなく，またこれを疎明資料として発付された捜索差押令状により差し押さえられた覚せい剤の証拠能力も否定されるとしました。
　第2審も第1審を支持したので，検察官から上告がありました。

**（2）最高裁の論理**
　最高裁は，以下のように述べて，①無罪判決部分については上告を棄却しましたが，②無罪部分については，原判断を破棄して差し戻す判断を示しました。
　まず，①覚せい剤自己使用罪についてですが，最高裁は，次のように述べて採取された尿の証拠能力を否定すべきだとしました。「本件逮捕には，逮捕時に逮捕状の呈示がなく，逮捕状の緊急執行もされていない

（逮捕状の緊急執行の手続が執られていないことは，本件の経過から明らかである。）という手続的な違法があるが，それにとどまらず，警察官は，その手続的な違法を糊塗するため，前記のとおり，逮捕状へ虚偽事項を記入し，内容虚偽の捜査報告書を作成し，更には，公判廷において事実と反する証言をしているのであって，本件の経緯全体を通して表れたこのような警察官の態度を総合的に考慮すれば，本件逮捕手続の違法の程度は，令状主義の精神を潜脱し，没却するような重大なものであると評価されてもやむを得ないものといわざるを得ない。そして，このような違法な逮捕に密接に関連する証拠を許容することは，将来における違法捜査抑制の見地からも相当でないと認められるから，その証拠能力を否定すべきである」。そして，本件で行われた採尿は，「本件逮捕の当日にされたものであり，その尿は，上記のとおり重大な違法があると評価される本件逮捕と密接な関連を有する証拠であるというべきである。また，その鑑定書も，同様な評価を与えられるべきものである。したがって，原判決の判断は，上記鑑定書の証拠能力を否定した点に関する限り，相当である」，として①無罪判決を維持しました。

しかし，次に②覚せい剤所持罪について，発付された2通の捜索差押令状のうち，覚せい剤取締法違反の令状については，「［違法に収集された尿についての］鑑定書を疎明資料として発付されたものであるから，証拠能力のない証拠と関連性を有する証拠というべきである」が，「［5月6日の］覚せい剤の差押えは，司法審査を経て発付された捜索差押許可状によってされたものであること，逮捕前に適法に発付されていた被告人に対する窃盗事件についての捜索差押許可状の執行と併せて行われたものであることなど，本件の諸事情にかんがみると，本件覚せい剤の差押えと上記の鑑定書との関連性は密接なものではないというべきである。したがって，本件覚せい剤及びこれに関する鑑定書については，そ

の収集手続に重大な違法があるとまではいえず，その他，これらの証拠の重要性等諸般の事情を総合すると，その証拠能力を否定することはできない」と判示しました（下線はいずれも引用者）。

### (3) 若干のコメント

　最後に，最高裁2003年判決の意義を 3 点，あげておきましょう。

　第 1 に，本判決は，逮捕令状を呈示しなかった違法を重くみて違法の重大性を肯定したわけですが，その際，警察官が事後的に「違法を糊塗するため」，( a ) 逮捕状への虚偽記入，( b ) 内容虚偽の捜査報告書の作成，( c ) 法廷での偽証などを行うといった「警察官の態度を総合的に考察」している点が注目されます。時間的に後の事情が，捜査の違法の程度に影響を与えることはないはずですが，それらを含む警察官の態度が全体として重大な違法だと評価されたのです。

　第 2 に，違法捜査の波及効果に関して，本判決は「密接関連性」という基準を打ち出しました。上に引用した判決の下線部のところです。本件は，窃盗事件の捜査（令状呈示）の違法が，覚せい剤事犯の証拠収集（採尿）に影響するかどうかの問題なので，「同一目的」「直接利用」の関係は認められない事案です。最高裁は，そのような場合でも「密接に関連する証拠」を許容することは「将来における違法捜査抑制の見地からも相当でない」から証拠能力は否定されるべきだとしました。波及効果を認める新しい基準が提示されたわけで，今後の活用が期待されます。

　第 3 に，第 1 審，第 2 審と異なり，最高裁は，②覚せい剤所持については証拠排除を認めませんでした。理由は 2 つあって，ひとつは，覚せい剤取締法違反での差押えが「司法審査を経て発付された捜索差押許可状によってされたもの」であること，もうひとつが，「窃盗事件についての捜索差押許可状の執行と併せて行われたもの」であること，です。

ひとつめの理由は，司法審査が介在することで違法が希釈されるという見解にたつものと思われ，だとすると毒樹の果実理論の「希釈法理」と似た発想にたつものといえます。もうひとつの理由は，これも毒樹の果実論でいう「不可避的発見の法理」を想起させます。それぞれ，違法の継承を否定する理由として必ずしも強力なものではないように思われますが，2つ合わせて否定の根拠とされたわけです。

違法収集証拠排除法則は，これを適用すると，適正手続という理想のために真実発見を犠牲にするという結果になるため，検察側と弁護側が鋭く対立する論点でもあります。それゆえ，排除法則の理論と適用は，刑事訴訟法をどのような法律だと考えるかにも関わる重要課題なのです。

## 【学習課題】

1. 違法に収集された証拠を排除するのは，なぜですか。法律にその根拠はありますか。
2. 「毒樹の果実」論とはどのような理論ですか。
3. 最高裁は，違法収集証拠排除法則及び毒樹の果実論について，どのような態度をとっていますか。

## 参考文献

- 井上正仁『刑事訴訟における証拠排除』（弘文堂，1985年）
- 川出敏裕「いわゆる『毒樹の果実論』の意義と妥当範囲」『松尾浩也先生古稀祝賀論文集（下巻）』（有斐閣，1998年）513頁
- 秋吉淳一郎「違法収集証拠」井上正仁・酒巻匡編『刑事訴訟法の争点』（有斐閣，2013年）180頁

# 15 | 伝聞法則と例外

《目標&ポイント》 刑事裁判では，証人が法廷で供述し反対尋問を受けなければなりません。捜査の過程でつくられた供述調書は，原則として証拠にできないことになっています（伝聞法則）。それはなぜかという問題と，どのような場合に例外が認められるのかを明らかにしていきましょう。
《キーワード》 供述証拠，伝聞法則，伝聞証拠，反対尋問権

## 1．供述証拠の危険性

### （1）「言葉」が証拠になるときのリスク

　前章でも少し説明しましたが，証拠には，物証などの「非供述証拠」と人の発言内容が証拠になる「供述証拠」があります。本章で取りあげる伝聞法則は，「供述証拠」のみに関する証拠上の法則です。最初に，供述証拠とは何か，について確認しておきたいと思います。「供述証拠」とは，人の言葉がその内容どおり証拠になる場合をいいます。捜査の過程で作成される供述調書でなくても，たとえば，人に見せることを予定していない日記も，会計帳簿も供述証拠です。事件を目撃したQさんが，知人のPさんに目撃した内容を話したとすると，Qさんの話した内容も，それを聞いたPさんが別の第三者に話した内容も，いずれも供述証拠です。供述証拠は，一般に次のような特徴をもっているといわれています。それは，目撃証人を例にとると，①犯行の目撃，すなわち五官（感）によって知覚し，②それを頭で記憶し，③（記憶した内容を法廷などで）

表現し，④（たとえば日本語で）叙述するというプロセスを経るという点です。そして，この①→②→③→④のそれぞれに誤りが入り込みやすいため，供述証拠は危険なのです。

　これが，供述証拠のネガティブな特徴ということになります。ただ，実際の刑事事件で，このようなリスクはあっても供述証拠は証拠上重要なもので，供述証拠抜きに証拠調べを行い事実認定をすることはできません。そこで，次に述べるようなチェックの方法を用いることでリスクを減らしながら，刑訴法は，裁判所の事実認定に有用な体験をした者がいたら，証人として法廷に呼び出すことにしています（刑訴法143条以下）。この呼び出す仕組みというのは，医師などが鑑定人として公判廷で証言する場合よりも強力で，証人として召喚された目撃者が出頭しないときは，「勾引」という特別の強制処分がとられることがあります（刑訴法150条，153条，62条）。鑑定人は専門家ですので代わりの専門家を探すことができますが，証人は代替がきかないので，強制力を用いてでも法廷まで連れてきて供述させる，というのが現行法の態度です。そして，法廷に連れられてきた証人には，原則として供述する義務があるのですが，先に述べたような供述証拠に特有のリスクがあるため，現行法は次のようなチェックのための方策を設けています。

## （2）リスクをどうチェックするか？

　まず，法廷で証人が証言する場合には，裁判官あるいは裁判員がじかに証人の供述態度を観察することができます。これは，実は大変大きなメリットで，同じ証人が捜査段階で警察官や検察官に供述し，それを検察官らが供述録取書にまとめてこれを法廷に提出する場合と比べると，法廷証言のメリットは明らかです。たとえば，人の供述を捜査官がまとめた供述録取書は，質問者が供述内容を誘導して，供述者がほとんど自

発的に事実を語っていなくても，できあがった供述調書（録取書）は，供述者の1人称で，あたかも自発的に語ったかのようにまとめられてしまいます。それに対して，公判廷における証人尋問では，原則として誘導尋問は禁じられていますので，自分の記憶にもとづいてしっかり語っているのかどうか，観察することが可能です。公判の証言が重要な理由の第1は，このようなチェックが可能だからです。

　2つめのチェックは，宣誓と偽証罪の制裁です。宣誓というのは，証言の前に読み上げる，証言で嘘を言わないという宣言のことで，これによって供述内容の真実性を確保しようというのです。歴史をさかのぼると，中世のヨーロッパでは，宣誓は神に対するもので宣誓違反は神をけがすものだと考えられていたようですが，今の日本の刑事裁判の宣誓は，もちろん宗教的な色彩はありません。法廷で宣誓するときも，起立して宣誓書を声にだして読み上げるだけです。宣誓書には次の文言が書かれています。

　「宣誓　良心に従って真実を述べ，何事も隠さず，偽りを述べないことを誓います。」

　ここで重要なのは，嘘を言わないという宣言をみずから朗読することの心理的効果よりも，宣誓のうえで「虚偽の陳述」をすると偽証罪（刑法169条）として処罰されることです。ただし，虚偽の事実を述べても，それが公訴事実と関連しない事項についての虚偽であれば，偽証罪は成立しません。偽証罪は，刑事司法の機能を害するから処罰されるのであって，目撃証人が目撃と無関係な事実を偽っても偽証罪にはなりません。なお，偽証罪も故意犯ですので，自分は真実だと思って供述したところ，別の根拠からそれが虚偽であることが分かったような場合には，偽証罪として処罰されることはありません。偽証罪が成立すると，3月以上10年以下の懲役という重い刑罰が科せられます。反面，証人に予定されて

いる人を脅す行為は，証人威迫罪（刑法105条の2）として罰せられることになっており，その点において証人は守られているということもできます。

　3つめのチェックが，反対尋問によるチェックで最も重要なものです。反対尋問とは，検察側証人についていえば，検察官の証人尋問（主尋問）の後で，反対当事者である被告人またはその弁護人が，証人の主尋問における供述内容を弾劾するために行う尋問のことをいいます（刑事訴訟規則199条の2）。このような尋問をする権利のことを，反対尋問権といいます。反対尋問権は，刑事手続上2つの意味で重要です。第1に，実体的真実発見のため，リスクの大きい供述証拠（証言）を反対当事者の立場からチェックすることで，真相解明に資するという点です。みごとな反対尋問の事例が，弁護士向けの専門書によく出ていますが，その中から，後にアメリカ大統領になったエイブラハム・リンカーンの弁護士時代の，ある殺人事件の弁護で行った有名な反対尋問を紹介しましょう。被告人は，被害者をピストルで射殺したとして起訴されたのですが，公判の終わり頃，犯行を目撃したという重要証人に対する証人尋問が始まります。検察の主尋問のあと，リンカーンは，その目撃証人が，犯行場所から20フィート（6メートル）以上離れた場所から目撃したことを確認したうえ，周囲の明るさについて尋問を重ねていきます。

「被告人が射撃するところが見えましたか？　銃身をどう扱ったかとか，すべてですよ」
「はい」
「現場は，野外宗教集会の場所からどれくらい離れていましたか？」
「4分の3マイル（1200メートル）です」
「電灯はどこにありました？」
「牧師席のわきの上の方です」

「4分の3マイル離れた？」
「そう，もう答えました」
「被告人か被害者は，手にローソクを持っていましたか？」
「いいえ，見てません。なんでローソクが要るんです？」
「それでは，どうしてあなたは銃を撃つところが見えたんです？」
「月がでていたからね」

　反対尋問としての質問は，ここまでです。リンカーンは，そこでおもむろに気象のデータを取り出し，読み上げます。その夜，月はでていなかったのです。こんなふうに劇的に反対尋問が成功するケースはめったにないにしても，反対尋問がなければ，その証言の証明力を多面的に判断する材料は得られなかった事案は少なくないものと思われます。証人尋問を省略して供述録取書の朗読だけで証拠調べを済ませる場合と比べれば，どちらが真実発見に有用かは明らかというべきでしょう。

　反対尋問の2つめの意味は，当事者主義との関係で重要だという点です。反対尋問権は，憲法37条で「証人審問権」というかたちで保障されていますが，検察側の提示する供述証拠を反対当事者である被告人・弁護人がチェックするという発想は，当事者の主体的活動を重視する当事者主義という理想に合致します。そしてこれは，適正手続の保障とも重なります。刑罰という究極の不利益処分を人に科すためには，被告人に十分に証拠を検討する機会を与え，被告人の面前で事実を明らかにする，被告人のいないところで取り調べた証拠で有罪にはしない，という思想が反対尋問権の保障の背景にはあるのです。

### (3) 反対尋問権と伝聞法則

　以上から明らかになったことは，供述証拠は証拠として重要だが同時にリスクの大きい証拠なので，なんらかのチェックが必要であること，

そしてそのチェックとして，①公判廷の供述態度の観察，②偽証罪を背景とした宣誓による真実供述の方向付け，③反対尋問によるチェックなどがあり，公判廷における供述は必ずこれらのチェックを受けることとされているのです。このことを裏返していえば，公判廷における証言以外の供述証拠は，証拠から閉め出す，すなわち証拠能力を認めないことが必要になるのです。伝聞法則とは，この必要性に応えるための証拠法則です。伝聞法則を，もし一番短く定義するとすれば，「伝聞証拠を証拠と認めない法則」となりましょうか。そこで，伝聞証拠とは何か，という問題が次にきます。伝聞証拠の定義の問題になりますが，これについてはかつて，反対尋問の重要性を意識して，「反対尋問を経ていない供述証拠」という定義が有力でした。しかし，伝聞法則を定めたとされる刑事訴訟法320条には，反対尋問という言葉はでてきません。また，反対尋問にこだわると，被告人じしんの供述調書が排除されることの説明が難しくなることもあり，今日，伝聞証拠の定義は，条文に忠実に「公判廷以外のところで行われた供述を内容とする『書面』または『供述』」であるとされるようになりました。説明を少し補足すると，定義にある「書面」とは，主には捜査段階で作成される供述書または供述録取書などの書面をいい，検察官が作成する供述録取書を検面調書，司法警察員（警察官）が作成するものを員面調書と呼びます。

　また，定義の「供述」とは，公判廷で証人などが供述する内容の中に第三者の供述が含まれている場合をいいます。いずれの場合も，公判廷外における供述であるため，供述証拠に対する3つのチェック方法のいずれも行うことができないので，証拠能力が否定されるのです。3つの方法のうち最も重要とされるチェックが反対尋問ですので，反対尋問権の保障と伝聞法則は，ほぼ同じものだといえます。ただし，両者がくいちがう場合もなくはないので，厳密には区別したほうがいいかもしれま

せん。たとえば，証人として証言し，反対尋問が後日行われる予定になっていたところ，主尋問の期日の後，反対尋問期日の前に証人が死亡した場合を考えてみましょう。伝聞法則との関係では，法廷証言（主尋問への答え）に証拠能力を認めても問題なさそうですが，反対尋問権の保障の観点からは，この法廷証言に対する反対尋問が行われていない以上，証拠能力を認めるべきではないようにも思われます。伝聞法則には例外が認められ，そのための要件が刑訴法321条以下にありますが，反対尋問の行われなかった法廷証言には，この例外要件に準じた要件を充たすかぎりで証拠能力を認めるべきだと思われます。

このような特殊な場合以外でも，例外要件が適用されて，伝聞証拠が証拠能力をもつ場面というのは，非常に多いのです。例外が多すぎるという批判は，法律そのものに対しても，それから運用についてもあります。例外をどこまで認めるかが，難しい問題であることは間違いありません。

## 2. 非伝聞と伝聞の区別

### （1）「供述」の非伝聞的用法

伝聞法則は伝聞証拠の証拠能力を認めないというルールですが，これはあくまでも，伝聞証拠にあたる供述証拠を，供述内容が真摯であることを証明する場合についてのものです。そうでない場合，言葉によって構成され，一見すると供述証拠であり伝聞証拠のようにみえても，それは「供述」を供述内容とは切り離して用いる場合なので伝聞法則の適用がないのです。これを「供述」の非伝聞的用法と呼んでおきます。たとえば，「私はAが万引きをしているのを見た」というBの発言があったとします。万引きは，刑法上は「窃盗」という犯罪になりますが（刑法

235条），Aが窃盗で起訴され，証拠としてこの発言を利用するのであれば，伝聞法則の問題になります。伝聞例外の要件がなければ，Bを証人として召喚して尋問し，反対尋問も受けなければなりません。しかし，この発言が，BのAに対する名誉毀損の罪（刑法230条）にあたるかどうかを問題にする場合だとすれば，この発言内容が真実かどうかは問題になりませんので（名誉毀損は，真実の有無に関係なく成立します），伝聞証拠として扱う必要はないのです。もっと分かりやすい例をあげましょう。手紙や日記は供述証拠であり，法廷の外で作成される書面ですので，その内容を証拠に使う場合，これらは伝聞証拠として扱われます。しかし，手書きの手紙の筆跡を鑑定して，それがCの書いたものか別人が書いたものかを問題にする場合，鑑定の対象となった手紙や日記は伝聞証拠として扱う必要はありません。これも，「供述」（書面）の非伝聞的用法のひとつです。

　別の例をあげます。喫茶店でDとEが会話をしているのを録音しました。実は，DがEをおどかして金を巻き上げようとしているところで，Eが後で証拠にするために録音していたとします。この録音は，後にDが恐喝罪で起訴され，裁判になったときに証拠にだされました。これは伝聞証拠でしょうか。この場合，DとEのやりとりの個々の発言内容を証明するわけではなく，会話全体から「脅迫」の事実を証明しようという場合ですので，非伝聞と考えてよいのです。したがって，伝聞法則は適用されません。

　ほかに，①とっさにでた発言，②自己矛盾の供述，③行為の言語的部分，などがあります。①は，いきなり襲われた被害者がとっさに相手の名前を叫んだ場合などがこれにあたります。②は，公判廷における証言内容と矛盾する供述を公判廷外でしていた場合で，矛盾した発言をしたことじたいを問題にしているので伝聞証拠ではないと考えるのです。こ

れについては，刑訴法に規定もありますので（328条），後で改めて言及することにします。③は，たとえば，わいろを贈るときに「日頃のお礼です」と言って金品を差し出したような場合，贈る行為と言葉が一体として検討されることで足りますので，言語部分だけ取りだして検討はしないのです。以上が，いわば純粋に「供述」を非伝聞的に使う場合です。

次に，「精神状態に関する供述」と呼ばれる一群の例外があります。これも「供述」の非伝聞的用法として位置づけられていますが，供述過程をまったく問題にしていないわけでもないので，有力な異論もあります。ここに「精神状態に関する供述」というのは，最終的発言部分である「叙述」から供述過程をさかのぼるのではなく，直接発言者の精神状態（心理状態）を問題にする場合をいいます。供述過程のうち「①知覚→②記憶」を欠くことになるため，非伝聞として扱うべきだとされているのです。たとえば，Ｆが，「私は地球上の生物ではない」と発言したとしましょう。この場合，ＦのこのFの奇妙な「叙述」から，「記憶」「知覚」をたどっていくとしたら，伝聞の問題になりますが，「叙述」からいきなりＦの精神状態，たとえばＦの精神に異常があることを証明する場合，その発言が冗談ではなく本気で話されたこと（真摯性）が認められれば，反対尋問は必要ないとされています。したがって，この発言は非伝聞であり伝聞法則の適用はないことになります。ただし，非伝聞として扱うことには批判もあります。「精神状態に関する供述」については，いくつか類型もあり，重要な裁判例もあるので，次に改めて論じることにしましょう。

## （2）犯行計画メモの証拠能力

精神異常がある場合を例に，「知覚」「記憶」を飛び越して供述者の精神状態を推理する場合を説明しました。ほかの同種の例として，①悪感

情など供述時の心理状態の供述，②犯行の意図・計画を有していることなどがあります。①は，「あの人は嫌いだ」といった発言は，供述者の内心を確かめる過程を考えると伝聞証拠としてもいいようにも思われますが，この場合も「知覚」「記憶」は問題にならないため，非伝聞として扱われるのです。②については，まさに犯行計画のメモが非伝聞かどうかが争われた裁判例があります。次にこれをみていくことにしましょう。

事案は，事前に共謀して，山谷の手配師を監禁し暴行・脅迫を加え恐喝したというもので，伝聞性が問題になったのは，恐喝の事前共謀を認定する証拠として提出された「犯行計画メモ」です。弁護人は，このメモが伝聞証拠であり，これが許される例外の要件にあたらないから証拠能力は否定されるべきだと主張しました。これに対して，東京高裁1983年1月27日判決は，次のように述べて本件メモの証拠能力を肯定しました。

まず，一般論として，犯行計画メモと伝聞法則との関係について，次のように判示します。「人の意思，計画を記載したメモについては，その意思，計画を立証するためには，伝聞禁止の法則の適用はないと解することが可能である。それは，知覚，記憶，表現，叙述を前提とする供述証拠と異なり，知覚，記憶を欠落するのであるから，その作成が真摯になされたことが証明されれば，必ずしも原供述者を証人として尋問し，反対尋問によりその信用性をテストする必要はないと解されるからである。そしてこの点は個人の単独犯行についてはもとより，数人共謀の共犯事案についても，その共謀に関する犯行計画を記載したメモについては同様に考えることができる」，と。要するに，犯行計画メモは，「知覚」「記憶」が欠落しているから反対尋問の必要はなく，メモの作成が真摯になされたことの証明があれば証拠能力をもつということです。共犯者

数名の共謀があって，共謀に関するメモも同様に解される，つまり証拠として用いることができるというのです。A・B・Cの共謀があって，Aがメモを作成していた場合，メモをAの共謀に使えるだけでなく，A・B・C全員の共謀があったことの証拠にもなるのか，という問題があります。Aのメモにあらわれた共謀の意図をB・Cがともに有しているとは限らないからです。本判決は，以上の判示に続けて，「この場合においてはその犯行計画を記載したメモについては，それが最終的に共犯者全員の共謀の意思の合致するところとして確認されたものであることが前提とならなければならない」と述べています。この判示の趣旨は，やや判然としないところがありますが，Aのメモだけから安易に全員の共謀を認定することを戒めているとすれば，正しい指摘であるように思われます。

　なお，犯行計画メモとして一般に論じられるメモ作成プロセスは，共同謀議の場で，主に備忘などのため書き留めるやり方を想定しています。ところが，上に紹介した東京高裁1983年判決の事案は，謀議が終わってから，そこに参加できなかった者が謀議参加者から聞いて作成したものなのです。したがって，これは厳密には再伝聞書面であって，これを謀議メモ一般の理論で解決したことには批判もあります。ただ，この事件の弁護人は，証拠調べに異議を述べませんでした。結果的に，本件メモに証拠能力を認めた結論は是認されるのかもしれませんが，理論的にはすっきりしないものを残したように思われます。

### （3）自己矛盾の供述と弾劾証拠

　供述証拠の非伝聞的用法の最後は，自己矛盾の供述です。まず，例をあげましょう。証人Wが，法廷で「私は，犯行現場付近を通りかかった際，被告人が被害者を突き飛ばす場面を見た」と証言しました。ところ

が，Wは，捜査段階で警察官に対して「現場付近にさしかかったとき，逃げていく犯人らしき人を見かけましたが，後ろ姿だけで顔はまったく見ていません」という供述をし，それが司法警察員面前調書（員面調書）にとられていたとします。この2つの供述は矛盾します。弁護人は，Wの法廷証言の証明力を減じるために，この調書を証拠調べ請求しました。立証のねらいは，Wが顔を見ていないことではなく（もしそうなら，伝聞証拠），この証人Wは，捜査段階では違うことを供述していたこと，つまり一貫しない供述をする信用できない人物だということを証明したいのです。この場合，員面調書は，内容の真摯性を問題にしているわけではないので，非伝聞と考えるのです。

　伝聞か非伝聞かは，理論的に解決すべきもので，刑訴法に規定がなくて構わないのですが，この自己矛盾供述については，刑訴法328条が，伝聞証拠であっても「公判期日における被告人，証人その他の者の供述の証明力を争うためには，これを証拠とすることができる」と規定しています。328条の証明力を争う証拠を自己矛盾供述に限ると考えれば，同条は確認的な規定だということになります。

## 3．検察官面前調書と供述者の国外退去

### （1）伝聞例外の2つの要件

　さて，ある供述証拠が伝聞証拠であるとされた場合，原則として証拠能力がないのですが，刑事訴訟法は少なくない例外規定を定めています（321条以下）。それぞれの例外を定める条文に書かれている要件は様々ですが，基本的には，①反対尋問に代わる客観的な担保，すなわち信用性の状況的保障があること，②その伝聞証拠を使用する必要性の2つから成っているといえるでしょう。そのことを典型的に示しているのが，

検察官面前調書（検面調書）（321条1項2号）です。検面調書とは，捜査段階で事件関係者の供述を検察官がまとめた供述録取書のことですが，検面調書は，①供述者が死亡したり国外にいるなど，公判廷での供述が不能なときは無条件で，②法廷で捜査段階の供述と異なる供述（相反供述）をしたときは，（捜査段階の）検面調書に特に信用できる状況的保障があることを条件に，証拠能力が認められるとされています。

　検察官は，公益の代表者でもありますが，刑事訴訟法上は被疑者・被告人と対立する当事者です。その当事者が作成・録取した調書を比較的ゆるやかな要件で証拠能力を認めることについては，立法論として問題だという批判がなされています。それはともかく，とくに②相反供述の要件である特信状況が比較的ゆるく解されてきたこともあり，検面調書は，裁判実務では非常に"活用"されてきました。その結果，せっかく公判廷で証人に反対尋問を行って成果をあげても，そのことによって例外の要件②を充たすことになるので，法廷の供述と相反する検面調書が証拠採用されることになります。つまり，弁護側からすれば，せっかく証人の証言を崩したことが裏目になったような結果になるのです。

　ただ，2009年から実施された裁判員裁判では，伝聞例外の要件が認められる場合でも，検面調書を含む捜査段階で作成された供述調書の多くが法廷から排除され，伝聞法則本来の理念に近い運用がみられるようになってきました。これは大きな一歩というべきでしょう。

### （2）最高裁1995年6月20日判決

　検面調書の伝聞例外の①は，国外にいるときなど供述不能な場合でした。それでは，国内にいる外国人から事情を聞いて検面調書を作成し，その外国人を国外に強制退去させた場合にも供述不能（伝聞例外）にあたるのでしょうか。これが広く認められると，外国人が事件関係者に多

い事件で，被告人・弁護人の反対尋問権の行使が妨げられることになり，ひいては憲法の証人審問権の保障を害することにはならないでしょうか。次にあげる最高裁1995年6月20日判決は，このような問題を考えさせられるケースでした。

　事案は，タイ国籍の女性13人を自己の管理する場所に居住させ売春させるという売春防止法違反の刑事事件で，被告人は売春させることを業としていた者です。捜査段階で，検察官は，この女性たちを取り調べ検面調書を作成しますが，彼女らはその後母国に強制退去させられます。第1審の公判では，上記検面調書が証拠採用され，被告人は有罪になります。強制退去とは，「出入国の公正な管理という行政目的を達成するために，入国管理当局が出入国管理及び難民認定法に基づき一定の要件の下に外国人を強制的に国外に退去させる行政処分」のことをいいます。強制退去させる主体が法務省内にある入国管理局であり，一方で日本滞在中に検面調書を作成し，他方で退去を強制して反対尋問の機会を奪うとしたら，適正手続を欠くおそれもあります。最高裁は，このことを認め，一般論として次のように判示しました。「（入国管理局と）同じく国家機関である検察官において当該外国人がいずれ国外に退去させられ公判準備又は公判期日に供述することができなくなることを認識しながら殊更そのような事態を利用しようとした場合はもちろん，裁判官又は裁判所が当該外国人について証人尋問の決定をしているにもかかわらず強制送還が行われた場合など，当該外国人の検察官面前調書を証拠請求することが手続的正義の観点から公正さを欠くと認められるときは，これを事実認定の証拠とすることが許容されないこともあり得るといわなければならない」。

　ただ，この事件では，検察官に強制送還の事態をことさらに利用しようという意図は認められず，公判前に，弁護人の請求にもとづき証拠保

全手続として1名のタイ国籍女性については証人尋問が行われ，他の女性については請求がなかったという事情もあって，結論としては証拠能力を否定しませんでした。しかし，一般論としてではあっても，反対尋問権の重要性を意識した最高裁のこの判示は注目されました。

### （3）東京地裁2014年3月18日判決

　1995年判決から約20年を経て，最高裁の論理を用いて国外退去にされた外国人の検面調書の証拠能力を否定した裁判例があらわれました。それが，東京地裁2014年3月18日判決です。事案は，ルーマニア国籍の被告人が覚せい剤を密輸入しようとしたという覚せい剤取締法違反・関税法違反事件です。検察官は，①外国人であるBの供述が被告人の有罪立証にとり重要な証拠であり，②Bが近日中に強制送還されて本件の公判期日で証人尋問を行うことができなくなる可能性が高かったこと，③その場合，検察官が検面調書を証拠調べ請求すると，被告人や弁護人はその内容について反対尋問を行う機会がないことを知りながら，弁護人に連絡して，公判前に行うことが可能な証拠保全としての証人尋問を請求する機会を与えるなどの配慮を行わなかったのです。東京地裁によれば，もしこのような配慮をし，弁護人が証人尋問請求をしていたら，「Bは，入国管理局による収容から14日後に強制送還されているが，東京地方裁判所における証拠保全手続の運用からすると，この間に弁護人が証拠保全請求をして証人尋問を実現できる可能性は十分あり，裁判員裁判事件における現在の証拠開示の運用に照らせば，検察官が速やかにBの供述調書等を任意開示することで，実効性のある証人尋問を行うことができた可能性も高い」と認定しました。そして，本件についての判断として，次のように述べたのです。

　「本件においては，検察官が，当時の状況を踏まえて，被告人又は弁

護人にBに対し直接尋問する機会を与えることについて，相応の尽力はおろか実施することが容易な最低限の配慮をしたことも認められないのであるから，Bの本件各供述調書を刑訴法321条1項2号前段により証拠採用することは，国家機関の側に手続的正義の観点から公正さを欠くところがあって，その程度が著しいと認められるし，将来における証人審問権に配慮した刑事裁判手続を確保するという観点からも，到底許容することができない。したがって，本件各供述調書を証拠採用することはできない」，と。この最後の結論は，第14章でやった違法収集証拠排除法則によって導かれている点に注意しましょう。適正手続の保障は，伝聞法則のところでも生きているのです。

【学習課題】
1．「供述」には，証拠としてどのようなリスクがありますか。また，そのリスクを減らすのに，法はどのような工夫をしていますか。
2．反対尋問権と伝聞法則の共通点として，どのような点があげられますか。伝聞証拠が証拠として認められない理由について考えてみましょう。
3．伝聞と非伝聞の区別は，どのようにされていますか。
4．外国人を強制退去させた場合，その者の検面調書を使えなくなる場合がありますか。

## 参考文献

- 堀江慎司「伝聞証拠の意義」井上正仁・酒巻匡編『刑事訴訟法の争点』（有斐閣，2013年）166頁
- 大谷直人「伝聞法則について」中山善房判事退官記念『刑事裁判の理論と実務』（成文堂，1998年）259頁
- 小山雅亀「伝聞法則の再構築」村井敏邦ほか編『刑事司法改革と刑事訴訟法』下巻（日本評論社，2007年）813頁

# 索引

●配列は五十音順。

### ●あ 行

欺く行為　106
暗数　27
医業類似行為　37
意見陳述権　163
異状死　153
一次証拠　227
一罰百戒　15
一部実行全部責任の原則　88
一部損壊説　124
一心同体　95
一体性　136
一般人基準　36
一般訴追主義　209
一般予防　15
違法共犯説　90
違法収集証拠　179, 220
違法収集証拠排除法則　221, 224, 252
違法性　54
違法性推定機能　55
違法性阻却　56
違法性阻却事由　57
違法の重大性　225, 231
意味の認識　71
因果関係　39
因果関係の錯誤　77
因果的寄与　99
因果的共犯説　91
淫行　35, 36
員面調書　242
「疑わしきは被告人の利益に」原則　43, 46, 52, 84
訴えなければ裁判なし　204
疫学的因果関係　52

疫学的証明　52
エックス線検査　178
エックス線検査事件　177
えん罪　187
応報刑　14
応報的司法　167
大阪南港事件　47

### ●か 行

カード詐欺　111
概括的故意　73
外国人　172, 206
蓋然性説　75
改訂律例　188
火炎びん　32
覚せい剤輸入罪　72
確定的故意　73
過失　69
過失致死罪　27, 39
過失的挑発　64
過剰防衛　61
仮定的事情　41
監視型捜査　140, 142
慣習刑法の禁止　30
間接教唆　89
間接証拠　83
間接正犯　93
姦通罪　30
鑑定人　238
関連性　219
希釈法理　228, 236
偽証　235
偽証罪　239
起訴　203

索引 | 255

起訴状　102, 205, 206
起訴相当　212
起訴便宜主義　210
起訴法定主義　210
起訴猶予　139, 210
欺罔行為　106
虐待死　75
客体の錯誤　77
客観的処分行為　108
キャッシュカード　114
旧刑法　29
急迫　59, 65
教育刑　16
教唆犯　88
供述拒否権　191
供述証拠　237
供述調書　140, 239
供述不能　249
強制起訴制度　213
行政警察　139
行政検視　153
強制処分　145, 169, 174
強制処分法定主義　171, 177
強制捜査　169, 175, 177, 179
強制退去　249
共同正犯　88
共犯　87
共犯者の自白　100
共犯の従属性　89
共犯の処罰根拠　90
京踏切事件　43
共謀共同正犯　95, 117, 131
虚偽の陳述　239
寄与度　48
緊急逮捕　149, 182
緊急配備検問　148

緊急避難　58
具体的公共危険犯　127
具体的事実の錯誤　77
具体的符合説　78, 79, 82
クレジット会社　111
経験則　85
警察官職務執行法　144
警察法　144
刑事施設　201
刑事政策　157
刑事訴訟法　22, 25
刑事手続　22, 28, 156
刑事未成年　94
警職法　144
刑罰　9
刑罰権　204
刑罰制度　17
刑法　11
刑法典　12
刑法の保障機能　71
刑法の目的　14
結果回避不可能事例　43
結果無価値説　56
原因において違法な行為　66
現行犯逮捕　174
現在性　131
検察官　204, 211
検察審査会　211
検視　143, 153
現住性　131, 132, 134
けん銃不法所持　97
検証　177
限定解釈　36
限定説　182
憲法違反　54
検面調書　242, 249, 250

故意　69, 72
故意的挑発　64
故意の個数　80
故意の立証　82
行為　26
行為主義　26
行為無価値説　55
勾引　238
公害犯罪　52
公害犯罪処罰法　51
公共の危険　122, 123, 126, 129
公共の危険の認識　131
構成要件　55
公訴権　203
公訴権濫用論　215, 217
公訴時効　160, 205
公訴事実　102
交付行為　107
公平な裁判所　187
神戸米軍キャンプ襲撃事件　32
公務員犯罪　213
公務執行妨害罪　170, 173
拷問　188
効用喪失説　123
合理説　181
勾留　140
告訴　150, 158
告訴期間　159
告知と聴聞　206
個人的法益　104
個人の尊厳　21
誤想過剰防衛　60
誤想防衛　61
国家刑罰権　24, 203
国家訴追主義　209
国家的法益　104

個別財産　109
ゴルフ場詐欺事件　116

●さ　行
罪刑法定主義　25, 29, 32, 125
財産上不法な利益　105, 110, 117
財産的損害　112
財産犯　104
裁判員裁判　82, 84, 208, 249
裁判の公開　163
裁判を受ける権利　209
財物　105, 110, 113
財物・利益の移転　108
差押え　169
詐欺罪　104
作為　27
殺意の3要件　83
さつまあげ事件　53
猿払事件判決　37
残虐な刑罰　11
サンクション　10, 15
山谷地区監視カメラ事件　140
ＧＰＳ（全地球測位システム）装置　142
ＧＰＳ捜査　180
自救行為　59
死刑　11
死刑判決　194
自己の犯意　96
自己矛盾の供述　244, 247
自殺　143
自殺幇助罪　143
事実的因果関係　40, 47
事実の錯誤　76
自首　152
自招侵害　63
私人訴追制度　209

私訴　28, 204
私訴制度　208
実体的デュー・プロセス理論　34
質問　145
指定弁護士　213
自白調書　85, 143
自白法則　190, 225
志布志事件　201
司法改革　193
司法官憲　172
司法機関　24
司法警察　139
社会規範　17
社会公共の危険　122
社会的法益　104
社会・倫理規範　18
写真撮影　141, 177
遮へい措置　164
重過失　70
自由心証　84
自由心証主義　101
重大な違法　225, 235
従犯　88, 99
修復的司法　167
準起訴手続　213
順次共謀　130
情況証拠　119
条件関係　40, 44
条件公式　40, 42, 44
証拠開示　251
証拠能力　219
証拠保全手続　250
焼損　123
証人　238
証人尋問　240
証人審問権　241, 250

少年院　12
少年法　12
城丸君事件　190
証明力　220, 241
条例　30
職務質問　144, 223
所持品検査　147, 149, 223
処分意思　108
書面主義　205
侵害の現在性　59
信義誠実　105
新効用喪失説　124, 125
親告罪　151
真実義務　196
真実発見　196, 221, 222
『新社会防衛論』　16
新宿バス放火事件　127
心身喪失者等医療観察法　13
真犯人　28
新律綱領　188
心理的因果関係　91, 92
推定的意思　176
杉山判決　198, 199
スワット事件　97
制裁　10
誠実義務　194, 195
政治犯　24
精神状態に関する供述　245
正当業務行為　57
正当防衛　56, 58, 156
正当防衛権の濫用　66
責任共犯説　90
責任主義　70
責任能力　60
積極的加害意思　59
接見交通権　197

接見指定権　199
接見指定制度　200
絶対的不定期刑の禁止　33
窃盗罪　27, 105
善意の例外　225
前科　219
宣誓　239
訴因　102, 205
捜索　147
捜索差押許可状　179
捜索差押令状　233
捜査の必要　199
捜査令状　148
相当因果関係　41
相当因果関係説　45, 46, 47, 48
相反供述　249
遡及処罰の禁止の原則　33
訴訟条件　205
訴追裁量権　215
即決裁判手続　208
損害賠償命令の申立て　162
尊属殺人処罰規定　20

● た　行

大陪審　211
逮捕　169
逮捕状の呈示　233
逮捕に伴う捜索・差押え　181
択一的競合　42
択一的故意　73
単独犯　87
治罪法　189
チッソ川本事件　216
知能犯　105
千葉大チフス事件　53
注意義務　69

抽象的公共危険犯　127
抽象的事実の錯誤　77
挑発防衛　63, 67
直接証拠　83
直接正犯　94
直接利用　230, 235
チョコレート缶事件　84
通信傍受　177
通訳人　207
付添い　162
罪となるべき事実　102
罪を犯す意思　69
停止　145, 146
ディバージョン　211
適正処罰の原則　37
適正手続　221
適正手続の保障　187, 206, 241, 252
適正な事実認定　219
手続法定原則　25
伝聞証拠　207, 242
伝聞法則　242, 246
伝聞例外　248
同一目的　230, 235
動機説　75
道具　93
投資ジャーナル事件　107
当事者主義　196, 241
同種前科　119, 220
盗聴　177
道徳　31
当番弁護士制度　192
徳島県公安条例事件　34
「毒樹の果実」論　227
特信状況　249
特別刑法　12
特別予防　15, 16

独立入手源の例外　227
独立燃焼説　123, 126
留め置き　147
豊田商事事件　107
取調べ受忍義務　190
取引の安全　105

●な　行
長野決定　117
難燃性建造物　124
二次証拠　227
日本司法支援センター　193
任意処分　170, 174
任意性　190, 226
任意捜査　169, 170, 175, 177, 178, 179
任意同行　145, 173, 229
認容説　74
練馬事件判決　96

●は　行
バイク燃焼事件　130
排除の相当性　225
爆発物　32
爆発物取締罰則　31
判決書　102
犯行計画メモ　245
犯罪学　157
犯罪捜査　138
犯罪被害者基本法　160
犯罪法　11
犯罪予防　138
反対尋問　240, 249
反対尋問権　163, 240
犯人　156
被害感情　167
被害者　49, 50, 155

被害者学　157
被害者参加　165
被害者参加制度　160, 166
被害者訴追主義　209
被害者保護　159
被害届け　150, 158
被疑者　186
被疑者国選弁護制度　192
被疑者の取調べ　198, 200
被疑者弁護制度　191
被欺罔者　107
非供述証拠　237
被告人　186
被告人質問　189
必罰主義　221
必要的共犯　87
ビデオリンク方式　162, 164
非伝聞　243, 245, 248
「人を欺く」行為　115, 116
秘密交通権　201
びょう打ち銃事件　81
比例原則　150
不確定的故意　73
不可抗力　70
不可避的発見の法理　228, 236
不起訴処分　211
不起訴相当　212
不起訴不当　212
福岡県青少年保護育成条例　35
福祉詐欺　118
不作為　27
付審判手続　213
不正　60, 65
付帯私訴制度　161
物理的因果関係　91
不貞　30

不貞行為　55
不貞罪　20
不当景品類及び不当表示防止法　107
プライバシー権　177, 180
プライバシー被害　151
不利益推認の禁止　190
米兵ひき逃げ事件　45
別件捜索　183
弁護士職務基本規程　193
弁護人依頼権　187, 198
変死体　153
保安処分　13
防衛行為　62, 65
防衛の意思　56, 63, 65
法益　18
法益侵害　91
法益侵害説　176
法益による二分説　80
法確証の利益　66
放火罪　121
防御権　186, 202
封建的倫理観　21
幇助犯　89
法治国家　28, 171
法廷証言　243
法定的符合説　80, 81
法的因果関係　40, 45, 49
法的正義　217
法テラス　193
法の下の平等原則　21
方法の錯誤　77, 78
法律主義　30
法律上の推定　40, 51
法律なければ犯罪なし　25
法律要件　10
暴力行為等処罰法　62

法令行為　57
補強証拠　100
補強法則　101
保護処分　12

● ま 行
マネーロンダリング　114
身代わり犯人　197
未決拘禁　140
密接関連性　235
三菱重工爆破事件　159
水俣病公害事件　216
見張り　93
未必の故意　73, 79
宮崎判決　117
民事賠償　161
無罪の推定　28
無銭飲食　109
明確性の原則　30, 34
明治憲法　29
燃え上がり説　124
黙示の意思の連絡　98
目的刑　14
黙秘権　170, 187, 188, 191

● や 行
八百屋お七　122
有形力　176
有形力の行使　145
有責性　55
預金通帳　112, 114
余罪　152
米子銀行強盗事件　148
予防刑　14

● ら　行
略式起訴　207
略式命令　207
留置施設　197
類推解釈の禁止　31

令状主義　171, 187, 222
令状主義潜脱の意図　232
ロザール事件　226
論理則　85

# 判例索引

大審院1917年（大正6年）4月13日判決（刑録23輯315頁）………………… 132
大審院1927年（昭和2年）10月16日判決（刑集6巻413頁）………………… 27
大審院1929年（昭和4年4月11日）判決（新聞3006号15頁）（京踏切事件）…… 43
大審院1936年（昭和11年）5月28日連合部判決（刑集15巻715頁）………… 96
最高裁1948年（昭和23年）11月2日判決（刑集2巻12号1443頁）………… 123, 125
最高裁1950年（昭和25年）3月31日判決（刑集4巻3号469頁）…………… 50
最高裁1950年（昭和25年）7月11日判決（刑集4巻7号1261頁）………… 93
最高裁1952年（昭和27年）12月24日大法廷判決（民集6巻11号1214頁）…… 209
最高裁1956年（昭和31年）6月27日大法廷判決（刑集10巻6号921頁）…… 32
最高裁1958年（昭和33年）5月28日大法廷判決（刑集12巻8号1718頁）
　（練馬事件）………………………………………………………………… 96, 101
最高裁1959年（昭和34年）9月28日決定（刑集13巻11号2993頁）………… 108
最高裁1960年（昭和35年）1月27日大法廷判決（刑集14巻1号33頁）…… 37
最高裁1961年（昭和36年）6月7日大法廷判決（刑集15巻6号915頁）…… 181
東京地裁1963年（昭和38年）11月28日判決（下民集14巻11号2336頁）…… 194
最高裁1966年（昭和41年）11月22日決定（刑集20巻9号1035頁）……… 118, 220
最高裁1967年（昭和42）10月24日決定（刑集21巻8号1116頁）…………… 46
最高裁1968年（昭和43年）10月25日判決（刑集22巻11号961頁）………… 100
最高裁1973年（昭和48年）4月4日大法廷判決（刑集27巻3号265頁）…… 21
最高裁1974年（昭和49年）11月6日大法廷判決（刑集28巻9号393頁）（猿払事件）…… 37
最高裁1975年（昭和50年）9月10日大法廷判決（刑集29巻8号489頁）…… 34
最高裁1976年（昭和51年）3月16日決定（刑集30巻2号187頁））………… 172
東京高裁1977年（昭和52年）6月14日判決（高刑集30巻3号341頁）…… 216
最高裁1978年（昭和53年）6月20日判決（刑集32巻4号670頁）
　（米子銀行強盗事件）……………………………………………………… 149, 223
最高裁1978年（昭和53年）7月10日判決（民集32巻5号820頁）（杉山事件）…… 198
最高裁1978年（昭和53年）7月28日判決（刑集32巻5号1068頁）………… 81
最高裁1978年（昭和53年）9月7日判決（刑集32巻6号1672頁）
　（大阪覚せい剤事件）……………………………………………………… 150, 224
東京高裁1979年（昭和54年）12月13日判決（判タ410号140頁）………… 132
東京高裁1980年（昭和55年）12月8日判決（刑月12巻12号1237頁）…… 152

最高裁1980年（昭和55年）12月17日判決（チッソ川本事件）（刑集34巻7号672頁）…… 217
最高裁1982年（昭和57年）7月16日決定（刑集36巻6号695頁）………………………… 99
東京高裁1983（昭和58年）1月27日判決（判時1097号146頁）………………………… 246
仙台地裁1983年（昭和58年）3月28日判決（刑月15巻3号279頁）…………………… 136
最高裁1983年（昭和58年）7月12日判決（刑集37巻6号721頁）……………………… 228
最高裁1983年（昭和58年）9月21日決定（刑集37巻7号1070頁）……………………… 94
札幌高裁1983年（昭和58年）12月26日判決（刑集15巻11＝12号1219頁）…………… 184
東京地裁1984年（昭和59年）4月24日判決（新宿バス放火事件）
　（刑月16巻3＝4号313頁）………………………………………………………………… 127
最高裁1985年（昭和60年）3月28日判決（刑集39巻2号75頁）………………………… 131
最高裁1985年（昭和60年）10月23日大法廷判決（刑集39巻6号413頁）……………… 35
最高裁1986年（昭和61年）4月25日判決（刑集40巻3号215頁）……………………… 229
最高裁1987年（昭和62年）3月26日決定（刑集41巻2号182頁）……………………… 61
大阪高裁1987年（昭和62年）10月2日判決（判タ675号246頁）……………………… 89
東京高裁判決1988年（昭和63年）4月1日（判時1278号152頁）……………………… 141
札幌高裁1988年（昭和63年）9月8日判決（高等裁判所刑裁速報集（昭63）214頁）… 125
東京地裁1989年（平成1年）3月27日判決（判タ708号270頁）………………………… 92
最高裁1989年（平成1年）7月7日決定（刑集43巻7号607頁）………………………… 126
最高裁1989年（平成1年）11月13日判決（刑集41巻10号823頁）……………………… 62
最高裁1990年（平成2年）2月9日決定（判時1341号157頁）…………………………… 71
最高裁1990年（平成2年）2月20日判決（判時1380号94頁）…………………… 158, 209
東京高裁1990年（平成2年）2月21日判決（判タ733号232頁）………………………… 92
山口簡裁1990年（平成2年）10月22日判決（判時1366号158頁）……………………… 218
最高裁1990年（平成2年）11月20日決定（刑集44巻8号837頁）（大阪南港事件）…… 48
東京高裁1990年（平成2年）11月29日判決（高刑集43巻3号202頁）………………… 207
最高裁1994年（平成6年）9月16日決定（刑集48巻6号420頁）………………………… 146
最高裁1995年（平成7年）6月20日判決（刑集49巻6号741頁）………………………… 250
最高裁1996年（平成8年）10月29日決定（刑集50巻9号683頁）……………………… 230
最高裁1997年（平成9年）10月21日決定（刑集51巻9号755頁）……………………… 134
東京地裁1999年（平成11年）1月26日判決（判タ1041号220頁）……………………… 195
最高裁1999年（平成11年）3月24日大法廷判決（民集53巻3号514頁）
　（安藤・斎藤事件）………………………………………………………………………… 200
最高裁1999年（平成11年）12月16日決定（刑集53巻9号1327頁）…………………… 177
最高裁2001年（平成13年）10月25日決定（刑集55巻6号519頁）……………………… 94

札幌高裁2002年（平成14年）3月19日判決（判時1803号147頁）（城丸君事件）………… 191
東京高裁2002年（平成14年）9月4日判決（判時1808号144頁）
　（ロザール事件）……………………………………………………………………… 226
最高裁2002年（平成14年）10月21日決定（刑集56巻8号670頁）………………… 113
最高裁2003年（平成15年）1月24日判決（判時1806号157頁）……………………… 44
最高裁2003年（平成15年）2月14日判決（刑集57巻2号121頁）………………… 232
最高裁2003年（平成15年）4月14日判決（刑集57巻4号445頁）………………… 128, 129
最高裁2003年（平成15年）5月1日決定（刑集57巻5号507頁）…………………… 98
最高裁2003年（平成15年）7月16日決定（刑集57巻7号950頁）………………… 50
最高裁2004年（平成16年）2月9日決定（刑集58巻2号89頁）…………………… 112
広島高裁2005年（平成17年）3月17日判決（判タ1200号297頁）………………… 75
最高裁2005年（平成17年）4月14日判決（刑集59巻3号259頁）………………… 164
最高裁2005年（平成17年）11月29日決定（刑集59巻9号1847頁）……………… 195
最高裁2007年（平成19年）7月17日決定（刑集61巻5号524頁）………………… 113
鹿児島地裁2008年（平成20年）3月24日判決（判時2008号3頁）
　（志布志国賠事件）…………………………………………………………………… 201
最高裁2008年（平成20年）5月20日決定（刑集62巻6号1786頁）………………… 67
最高裁2009年（平成21年）9月28日決定（刑集63巻7号868頁）………………… 179
最高裁2010年（平成22年）7月29日決定（刑集64巻5号829頁）………………… 115
最高裁2012年（平成24年）2月13日判決（刑集66巻4号482頁）
　（チョコレート缶事件）……………………………………………………………… 85
最高裁2012年（平成24年）9月7日判決（刑集66巻9号907頁）………………… 220
東京地裁2014年（平成26年）3月18日判決（判タ1401号373頁）………………… 251
最高裁2014年（平成26年）3月28日判決（刑集68巻3号582頁）………………… 116
最高裁2014年（平成26年）3月28日決定（刑集68巻3号646頁）………………… 116
東京地裁2014年（平成26年）11月7日判決（判時2258号46頁）………………… 202
大阪地裁2015年（平成27年）1月27日決定（LEX/DB25506264）………………… 180
大阪地裁2015年（平成27年）6月5日決定（LEX/DB25540308）………………… 181

## 著者紹介

### 白取　祐司（しらとり・ゆうじ）

| | |
|---|---|
| 1952年 | 札幌市に生まれる |
| 1977年 | 北海道大学法学部卒業 |
| 1979年 | 北海道大学大学院法学研究科博士前期課程修了 |
| 1981年 | 最高裁判所司法研修所修了 |
| 1984年 | 北海道大学大学院法学研究科博士後期課程修了（法学博士） |
| 2014年 | 名誉博士授与（フランス・ポワチエ大学） |
| 現　在 | 北海道大学名誉教授，神奈川大学教授 |
| 専　攻 | 刑事訴訟法 |

主な著書　〈単著〉
一事不再理の研究（日本評論社，1986年）
論文講義刑事訴訟法（早稲田経営出版，1990年）
フランスの刑事司法（日本評論社，2011年）
刑事訴訟法の理論と実務（日本評論社，2012年）
刑事訴訟法（第8版）（日本評論社，2015年）
〈編著〉
事例 DE 法学入門（青林書院，1998年）
刑事司法改革と刑事訴訟法・上下巻（日本評論社，2007年）（共編著）
新・コンメンタール刑事訴訟法［第2版］（日本評論社，2013年）（共編著）
刑事裁判における心理学・心理鑑定の可能性（日本評論社，2013年）
プロブレムメソッド刑事訴訟法30講（日本評論社，2014年）（共編著）

放送大学教材　1639471-1-1611（ラジオ）

# 刑事法

発　行　2016年3月20日　第1刷
著　者　白取祐司
発行所　一般財団法人　放送大学教育振興会
　　　　〒105-0001　東京都港区虎ノ門1-14-1　郵政福祉琴平ビル
　　　　電話　03（3502）2750

市販用は放送大学教材と同じ内容です。定価はカバーに表示してあります。
落丁本・乱丁本はお取り替えいたします。

Printed in Japan　ISBN978-4-595-31622-7　C1332